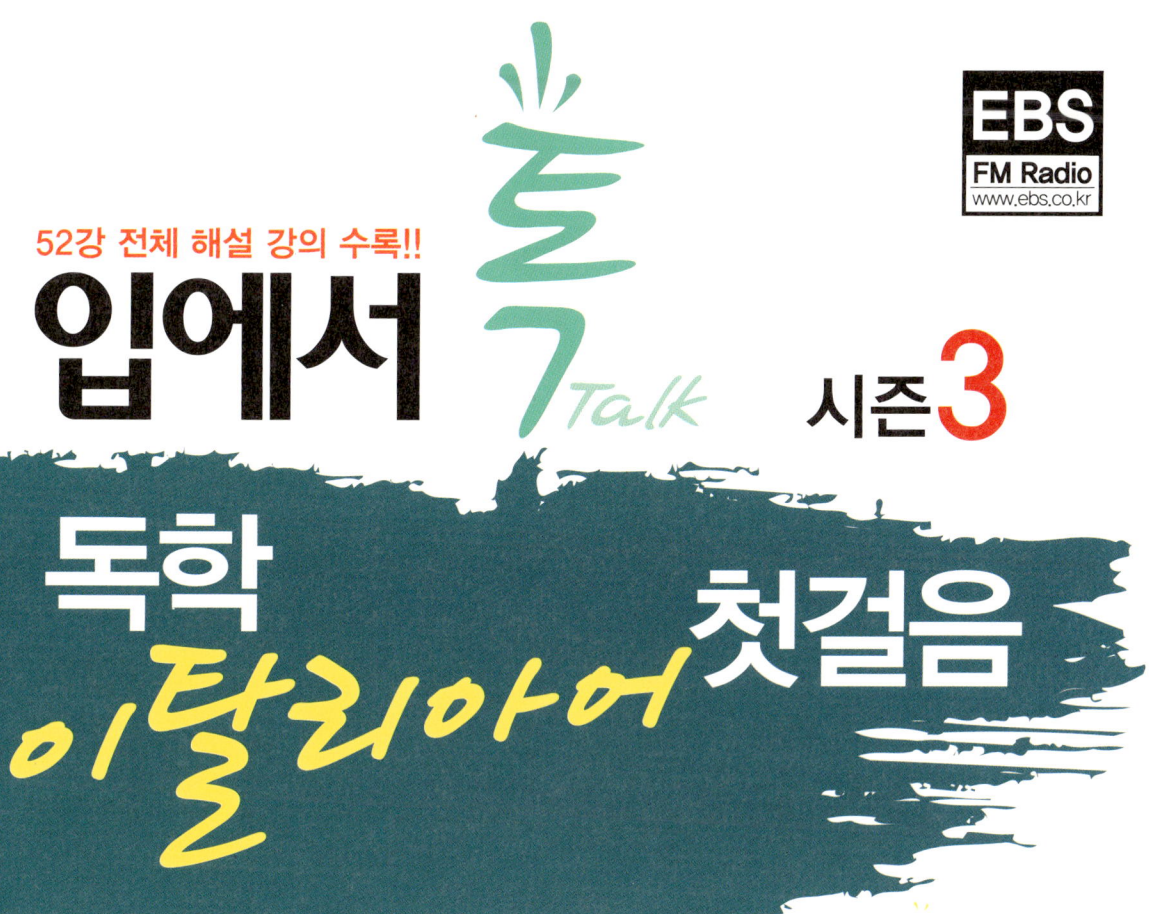

52강 전체 해설 강의 수록!!

입에서 톡Talk 시즌 3

독학 이탈리아어 첫걸음

EBS FM Radio
www.ebs.co.kr

이기철 지음

입에서 톡 독학 이탈리아어 첫걸음

초판 5쇄 인쇄 2024년 11월 25일
초판 5쇄 발행 2024년 12월 10일

지은이 이기철
펴낸이 서덕일
펴낸곳 도서출판 문예림

출판등록 1962.7.12 (제406-1962-1호)
주소 경기도 파주시 회동길 366 3층 (10881)
전화 (02)499-1281~2 **팩스** (02)499-1283
전자우편 info@moonyelim.com **홈페이지** www.moonyelim.com
문의사항 카카오톡 '도서출판 문예림' 검색 후 문의

ISBN 978-89-7482-840-0 (18780)

MP3 파일은 문예림 홈페이지 자료실에서 무료 다운로드 가능합니다.

잘못된 책이나 파본은 교환해 드립니다.
이 교재에 대한 저작권은 EBS 교육방송에 있습니다.
서면에 의한 저작권자의 허락없이 교재 내용을 부분을 이용하거나 복제하는 것을 금합니다.

머 리 말

　　인지하다시피 이탈리아는 선진 8개국(G8) 국가 중의 일원으로서 국제사회에서 주도적인 역할을 담당하는 나라이다. 또한 역사적으로 고대 로마의 수도가 자리하고 있었으며, 수세기 동안 도시 국가 형태를 유지하였고, 전(全)세계 가톨릭 신자들의 고향인 바티칸이 위치하고 있는 독창성과 다양성을 지닌 나라이다.

　　신(新)라틴어족에서 파생된 언어 중의 하나인 이탈리아어는 인간의 언어 혹은 문화의 언어라고 불리며 현재 문화·예술 분야에서 매우 유용하게 사용되는 언어이다. 특히 음악, 패션, 디자인, 요리 분야에 있어서 우리나라에서 뿐만 아니라 세계적으로 통용되는 언어라고 할 수 있다.

　　영어에 익숙해진 우리에게 이탈리아어는 명사에 성(性: 남성과 여성)과 수(數: 단수와 복수)가 존재하며, 이에 따라 관사, 형용사 등의 형태가 변하고, 말하는 사람의 표현 방식과 시제에 따라서 동사가 여러 가지 형태를 취하는 언어이기 때문에 가까이 다가가는데 어려움이 존재한다.

　　이 책은 대학생 Minsu(민수)가 서울을 출발해서 이탈리아를 여행하는 여정을 중심으로 52개의 상황을 설정하여 이탈리아를 여행하거나 체류를 시작하는 사람들을 위한 상황 중심 방식의 이탈리아어 회화 입문서이다. 52개의 상황으로 모든 상황을 다룰 수는 없다. 하지만 각각의 상황과 관련된 표현, 문법 등을 고려하면 그리 적은 분량도 아니기 때문에 독자들 또한 꾸준한 관심을 가지고 학습에 임해야 할 것이다.

　　이 책은 대화(dialogo), 어휘(vocabolario), 표현(espressione), 문법(grammatica), 문화(cultura)로 구성되어 있다. 유사한 상황의 경우도 다양한 표현 형태를 제시하고자 하였고, 문법 또한 중복 설명을 피하기 위해 노력했다. 이 책을 통해 독자들은 현재 이탈리아에서 이탈리아인들이 사용하고 있는 살아있는 구어체를 체험할 수 있을 것이다.

　　상황을 중심으로 한 외국어 학습은 장단점을 동시에 지니고 있다. 독자들이 이 책의 장점을 활용하여 이탈리아어에 더 가깝게 접근 할 수 있기를 기대한다.

　　우리나라 최초로 이탈리아어를 공중파를 통해 방송하기로 결정한 EBS(한국교육방송공사) 라디오, 좋은 책을 만들기 위해 노력하신 도서출판 문예림, 생생한 사진 자료와 녹음 자료를 수집하기 위해 애쓰신 정정하 PD님께 감사드린다.

2015년 7월
지은이 이기철

입에서 톡 독학 이탈리아어 첫걸음

Í.N.D.I.C.E

이탈리아어의 알파벳과 발음 ·· 06
이 책의 내용과 특징 ··· 10

Episodio 1 | 민수, 이탈리아에 도착하다. ·· 13
01 안녕하세요! 14 | 02 실례합니다. 18 | 03 로마호텔에 갑시다. 22
04 당신 방은 123호 입니다. 26

Episodio 2 | 민수, 로마에서 마리아와 재회하다. ·· 31
05 어떻게 지내니? 32 | 06 나는 서울 출신이야. 36
07 나는 카푸치노 마실래. 40 | 08 오늘이 무슨 요일이지? 44

Episodio 3 | 민수, 벼룩시장에 가다. ·· 49
09 얼마입니까? 50 | 10 벼룩시장이 어디에 있는지 말씀해 주세요. 54
11 저는 4인용 테이블을 하나 예약하고 싶습니다. 58

Episodio 4 | 민수, 마리아 가족과 저녁 식사를 하다. ·· 63
12 내 가족을 소개할게. 64 | 13 메뉴 가져다주십시오. 68
14 디저트로 무엇을 드시겠습니까? 72

Episodio 5 | 민수, 마리아와 축구장에 가다. ·· 77
15 너는 무슨 일을 하니? 78 | 16 네 취미는 뭐니? 82
17 이탈리아인들은 정말로 축구를 사랑하는 것 같다. 86

Episodio 6 | 민수, 마리아와 여행에 대해 얘기하다. ··· 91
18 그 곳 날씨는 어때? 92 | 19 로마는 온도가 0도 이하로 절대 내려가지 않아. 96
20 너는 아침에 몇 시에 일어나니? 100

Episodio 7 | 민수, 마리아와 쇼핑을 하다. ·· 105
21 저는 재킷을 보고싶어요. 106 | 22 굽이 낮은 저 구두를 보고 싶어요. 110
23 듀티프리를 하고 싶은데 어떻게 해야 하죠? 114

Episodio 8 | 민수, 폼페이에서… ·· 119
24 사진 한 장 찍어 주시겠어요? 120 | 25 저는 지갑을 잃어버렸어요. 124
26 몇 시에 아시시행 다음 기차가 있나요? 128 | 27 유로스타는 상당히 편하네요. 132

Episodio 9	**민수, 아시시에서...** ··· 137
	28 저는 이 도시의 지도와 호텔리스트를 받고 싶어요. 138
	29 오늘 달러 환율이 어떻게 되지요? 142	30 이 버스는 중앙역에 가나요? 146

Episodio 10	**민수, 피렌체에서...** ··· 151
	31 이 대성당은 언제 건축되었나요? 152	32 제 초상화를 그려주시겠어요? 156
	33 네게 피렌체에서 전화하는거야? 160	34 이 공연은 몇 시에 시작하죠? 164

Episodio11	**민수, 박물관에서...** ··· 169
	35 이 박물관은 몇 시까지 열지요? 170	36 저는 이 엽서를 보내고 싶습니다. 174

Episodio12	**민수, 시에나에서...** ··· 179
	37 '팔리오'가 무슨 뜻이에요? 180
	38 이탈리아에는 어떤 중요한 명절들이 있는지 말씀해 주시겠어요? 184
	39 몇가지 맛을 선택할 수 있죠? 188

Episodio13	**민수, 끼안띠에서...** ··· 193
	40 '슬로우시티' 운동은 언제 탄생했나요? 194
	41 적포도주를 좋아하세요 아니면 백포도주를 좋아하세요? 198
	42 머리가 아프고 열도 조금 있어요. 202	43 감기약을 원합니다. 206

Episodio14	**민수, 다시 로마로...** ··· 211
	44 여행 어땠어? 212	45 어떤 영화 보러 가는데? 216
	46 이번 토요일에 시간 있니? 220	47 집을 구경시켜 줄께. 224
	48 저녁 준비됐다! 228

Episodio 15	**안녕 로마** ··· 233
	49 여러분의 친절함을 결코 잊지 못할 것입니다. 234
	50 체크아웃하고 싶습니다. 238	51 짐은 곧바로 서울까지 보내주세요. 242
	52 서울에서 다시 만나자! 246

	부록	01 문법 목차 ··· 250
		02 오페라 '까발레리아 루스띠까나' ··· 251

이탈리아어 알파벳과 발음

1. 알파벳

이탈리아어에서 실제로 사용하는 알파벳은 21개로 모음이 5개(a, e, i, o, u), 자음이 16개(b, c, d, f, g, h, l, m, n, p, q, r, s, t, v, z)로 구성되어 있다.

A a [*a* 아]	G g [*gi* 쥐]	O o [*o* 오]	U u [*u* 우]
B b [*bi* 비]	H h [*acca* 아까]	P p [*pi* 삐]	V v [*vu* 부]
C c [*ci* 취]	I i [*i* 이]	Q q [*qu* 꾸]	Z z [*zeta* 제따]
D d [*di* 디]	L l [*elle* 엘레]	R r [*erre* 에레]	
E e [*e* 에]	M m [*emme* 엠메]	S s [*esse* 에세]	
F f [*effe* 에페]	N n [*enne* 엔네]	T t [*ti* 띠]	

아래에 있는 5개의 알파벳은 그리스어 또는 라틴어에서 유래된 단어나 외래어 표기에 사용한다.

> J j [i lungo 이 룽고]
> K k [cappa 깝빠]
> W w [doppia v 도삐아 부]
> X x [ics 익스]
> Y y [ipsilon 입실론, 또는 i greca 이 그레까]

이탈리아어의 경우 알파벳 도표에서 보았듯이 p, q, t를 발음할 때, [pi 삐], [qu 꾸], [ti 띠]하고 약간 딱딱하게 발음한다. 이탈리아어의 첫 문장은 반드시 대문자를 사용하며, 고유 명사인 경우는 문장 중간에서도 대문자를 사용한다.

2. 발음

이탈리아어는 몇 가지 예외적인 경우를 제외하고 **알파벳 자체가 발음기호**라고 생각하고 읽으면 된다. 이탈리아어 대부분의 명사는 끝에서 두 번째 모음에 강세가 있다. 단어의 마지막 모음에 강세가 오는 경우, **반드시 강세 표시**를 해야 한다(예: Città 도시).

'**A, a**'는 'ㅏ' 발음과 동일하다.
Acqua 물, **A**more 사랑, **A**ceto 식초, **A**rancia 오렌지

'**B, b**'는 'ㅂ' 발음과 동일하다.
Banana 바나나, **B**anca 은행, **B**ello 예쁜, **B**uono 맛있는

'**C, c**'의 발음은 '[tʃ]ㅊ' 또는 '[k]ㄲ' 발음을 갖는다.
[tʃ]: c 다음에 e가 올 경우는 [t ʃ e], [i]가 올 경우에는 [t ʃ i]로 발음한다.

Cena 저녁식사, Cellulare 핸드폰, Ciao 안녕, Cinema 극장

이 이외의 경우는 모두 '[k]ㄲ' 발음을 한다.
Caffè 커피, Colore 색깔, Cucina 부엌, 요리, Chiesa 성당, Clima 기후

'D, d'는 'ㄷ' 발음과 동일하다.
Data 날짜, Dentista 치과의사, Domani 내일, Due 둘(2)

'E, e'는 입을 양 옆으로 더 벌려서 발음하는 열린 음(개음) 덜 벌려서 발음하는 닫힌 음(폐음)이 있다.
개음[è]: Erba 풀
　　　　 Epoca 시기
폐음[é]: Emozione 감동
　　　　 Elenco 목록

* è의 대문자 형태는 È 이며, é의 대문자 형태는 É이다.

'F, f' 발음은 영어 발음에서의 f와 동일하다.
Farfalla 나비, Farmacia 약국, Fiore 꽃, Formaggio 치즈

'G, g'은 '[ʤ]ㅈ' 혹은 '[g]ㄱ'으로 발음되는 경우와 '무음'인 경우가 있다.
[ʤ]: g다음에 e가 올 때는 [ʤe]로, g다음에 i가 올 때는 [ʤi]로 발음된다.
Gelato 아이스크림, Gelateria 아이스크림 가게, Giacca 재킷, Giallo 노란색의

[g]: 상기한 경우와 무음인 경우를 제외한 모든 경우.
Gatto 고양이, Gruppo 그룹, Gonna 치마, Ghiaccio 얼음

묵음: gli[ʎ]와 gn[ɲ]의 경우.
gli[ʎ]:
Consiglio 충고, Migliore 더 좋은, Meglio 더 잘, Battaglia 전투

gn[ɲ]:
Bagno 화장실, Bisogno 필요, Montagna 산, Signora 부인, Signorina 아가씨

'H, h'는 소리가 없는 무음이다.
Ho 나는 ~을 가지다, Hai 너는 ~을 가지다,
Ha 그는 ~을 가지다, Hanno 그들은 ~을 가지다.

'I, i'는 우리말의 'ㅣ'와 같은 발음이다. 'i' 위에 액센트가 있는 경우는 'ì'와 같이 표시한다.
Indirizzo 주소, Insalata 샐러드, Intenso 진한, Inverno 겨울,

'L, l'은 'ㄹ'과 같은 발음이다.
Latte 우유, Ladro 도둑, Limone 레몬, Luna 달

'**M, m**'은 'ㅁ'과 같은 발음이다.
Mano 손, **M**edico 의사, **M**oda 패션, **M**usica 음악

'**N, n**'는 'ㄴ'과 같은 발음이다.
Naso 코, **N**eve 눈(雪), **N**ome 이름, **N**umero 숫자

'**O, o**'는 'ㅗ'와 같은 발음으로 입모양을 크게 하는 열린 음(개음)과 입모양을 작게 하는 닫힌 음(폐음)이 있다.
개음[ò]: **O**pera 오페라, **O**ggi 오늘, Cant**o** 노래
폐음[ó]: **O**rdine 순서, **O**rigine 기원, 유래, S**o**le 태양

'**P, p**'는 'ㅃ'과 같은 발음이다.
Pane 빵, **P**enna 펜, **P**izza 피자, **P**rezzo 가격

'**Q, q**'는 'ㄲ' 발음에 해당한다. 발음할 때 입을 오리 주둥이처럼 앞으로 내밀며 발음한다.
Quaderno 노트, **Q**uadro 그림, 사각형, **Q**ualità 품질, **Q**uantità 수량

'**R, r**' 발음은 혀끝을 굴려서 나오는 발음이다.
Ragazzo 소년, **R**osa 장미, **R**otondo 둥근, **R**uota 바퀴

'**S, s**'는 '[s]ㅅ' 또는 '[z]ㅈ' 또는 '[ʃe]쉐', '[ʃi]쉬'로 발음한다.
'[s]ㅅ'으로 발음되는 청음의 경우.
① **S**abbia 모래, **S**ale 소금, **S**apore 맛, 향(flavour)
② Bor**s**a 가방, Fal**s**o 틀린, Giu**s**to 옳은
③ Pa**ss**ito 마른, 건조한, Ro**ss**o 붉은 색의, Spe**ss**o 종종
④ **S**cuola 학교, **S**tabile 안정적인
'[s]ㅅ'으로 발음되는 경우는 먼저 ①의 경우와 같이 단어의 처음이 s로 시작하고 바로 그 뒤에 모음(a, e, i, o, u)이 오는 경우이다. 다음은 ②의 경우처럼 단어 중간에 있는 s 앞에 자음이 오는 경우이다. 다음은 ③의 경우와 같이 ss가 연속해서 오는 경우이다. 's'가 '[s]ㅅ'으로 발음되는 마지막 경우는 ④의 경우처럼 's' 다음에 p, c, f, q, t와 같은 무성음(성대가 울리지 않는 음)이 올 경우이다.

'[z]ㅈ'으로 발음되는 탁음의 경우.
① **S**baglio 실수, **S**nello 날씬한
② Cri**s**i 위기, Anali**s**i 분석
③ Batte**s**imo 세례

'[z]ㅈ'으로 발음되는 탁음의 경우는 ①의 경우처럼 's' 다음에 b, d, g, l, m, n, v와 같은 유성음(성대가 울리는 음)이 오는 경우, ②의 경우처럼 단어가 -esi, -isi로 끝나는 경우, ③의 경우처럼 단어가 -esimo로 끝나는 경우이다.
* 's'가 모음과 모음사이에 오는 경우는 지역에 따라 'ㅅ' 또는 'ㅈ'로 발음된다. 주로 이탈리

아 북부지역에서는 모음 사이의 's'를 주로 탁음('ㅈ')으로 발음하며, 이탈리아 중·남부 지역에서는 모음 사이의 's'를 주로 청음('ㅅ')으로 발음하는 경향이 있다.

'[ʃe]쉐', '[ʃi]쉬'로 발음되는 경우: 's' 다음에 ce, 또는 ci가 오는 경우이다.
sce [ʃe]: **Sce**lta 선택, **Sce**na 무대,
sci [ʃi]: **Sci**mmia 원숭이, **Sci**opero 파업

'T, t'는 'ㄸ'에 해당하는 발음으로 경음화 되어 발음된다.
Tabacco 담배, **T**elefono 전화, **T**orta 케이크, **T**erme 온천

'U, u'는 'ㅜ' 발음과 같다.
Ufficio 사무실, **U**omo 인간, **U**so 사용, **U**va 포도

'V, v' 발음은 영어의 'V' 발음과 동일하다.
Vacanza 휴가, **V**ento 바람, **V**ino 포도주, **V**ulcano 화산

'Z, z'는 청음 '[ts]ㅉ' 또는 탁음 '[dz]ㅈ'으로 발음된다. 'z'의 청음은 실제로 'ㅉ'과 'ㅊ' 발음의 중간이라고 할 수 있다.

[ts]
① Vene**z**ia 베네치아, Gra**z**ia 감사, Spa**z**io 공간
② Al**z**are 일어나다, Cal**z**e 양말, **Z**ucchero 설탕
③ Stan**z**a 방, Tolleran**z**a 인내심, Corrette**zz**a 정확함,
Giusti**z**ia 정의, Organi**zz**a**z**ione 조직

'z'가 청음 [ts]으로 발음되는 경우는 ① z 뒤에 -ia, -ie, -io가 오는 경우. ② z 앞에 l이 오거나, z 뒤에 u가 오는 경우. ③ -anza, -enza, -ezza, -izia, -zione로 끝나는 경우이다.

[dz]
① **Z**ebra 얼룩말, **Z**ona 구역,
② Civili**zz**are 문명화하다, Civili**zz**azione 문명화
③ Bi**z**antino 비잔틴, Roman**z**o 소설, O**z**ono 오존,

'z'가 탁음 [dz]으로 발음되는 경우는 ① z로 시작하는 단어(예외적인 단어들도 많다. 예: zio 삼촌, zappa 삽) ② 접미사 -izzare, -izzazione로 끝나는 경우 ③ 위의 예에서 보았던 'z' 뒤에 -ia, -ie, -io가 오는 경우를 제외하고 모음과 모음 사이에 'z'가 위치할 경우이다.

이 책의 내용과 특징

등장인물

Minsu(민수)
25세의 한국 남성. 코레아(Corea)대학교 학생.
방학을 맞이하여 이탈리아를 여행한다.
로마에서 한국에 왔었던 Maria를 만난다.
이탈리아 남부와 중부 지역을 혼자서 여행한다.

Maria(마리아)
24세의 이탈리아 여성.
한국에서 한국어를 학습했다.
한국 체류 중에 Minsu와 친구가 되었다.

I signori Rossi : (롯시씨 부부)
Maria의 부모님.
로마를 방문한 Minsu를 따뜻하게 맞이한다.
Minsu를 집으로 초대한다.

그 외 Maria의 친구인 Cristin과 Roberta, 이탈리아 아가씨, 신문 판매상, 남녀 종업원, 우체국 직원, 은행원, 시청 문화 담당자 등.

Minsu(민수)의 여정

Seoul(서울) → Roma(로마) → Pompei(폼페이) → Assisi(아시시) → Firenze(피렌체) → Siena(시에나) → Chianti(키안티) → Roma(로마) → Seoul(서울)

Dialogue(대화)

이탈리아인들의 삶이 숨 쉬는 공간을 중심으로 실생활에서 사용하는 생생한 구어 표현을 다양한 상황을 통해 나타내고자 했다.

Vocabolario(어휘)

지면의 한계 내에서 대화 내용에 나타난 어휘를 최대한 싣고자 했다. 특히 동사 원형을 표시하여 독자들의 수고를 덜고자 했다.

Espressione(표현)

대화 내용에 나타난 주요 표현 외에도 이와 관련된 다양한 표현을 추가적으로 소개함으로써 상황 중심 방식의 단점을 보완하기 위해 노력했다.

Grammatica(문법)

이탈리아어는 영어와는 달리, 품사들, 특히 동사가 말하는 사람이 표현하고자 하는 방식과 시제에 따라 다양한 형태를 취하는 언어이다. 간략하지만 기본적이고 필수적인 문법 사항을 최대한 다루고자 노력했다.

Cultura(문화)

각 과의 마지막 부분에는 각 과의 상황 설정에 맞추어 이탈리아 문화를 간단히 소개했다. 이 부분을 통하여 독자들은 이탈리아와 이탈리아인들의 다양한 삶의 모습을 시각적으로 느낄 수 있을 것이다.

Episodio 1

01 안녕하세요!   02 실례합니다.   03 로마호텔에 갑시다.   04 당신 방은 123호 입니다.

민수, 이탈리아에 도착하다.

비토리오 엠마누엘레 2세 기념관

Buon giorno! 안녕하세요!
부온　　　조르노

이탈리아 로마행 비행기에 오른 민수, 옆자리에 앉은 한 아가씨에게 말을 건넨다.

 Dialogo

Minsu : Buon giorno, signorina. Lei è italiana?
　　　　　부온　　조르노,　　시뇨리나.　　레이 에 이딸리아나?

Una signorina : Sì, sono italiana e sono di Roma.
　　　　　　　　시, 소노　이딸리아나 에 소노　디　로마.

Minsu : Mi chiamo Minsu e sono coreano. Come si chiama Lei?
　　　　　미　끼아모　민수　에 소노　꼬레아노.　꼬메　시 끼아마　　레이?

Una signorina : Mi chiamo Maria Rossi.
　　　　　　　　미　끼아모　　마리아　롯시.

Minsu : Molto piacere!
　　　　　몰또　삐아체레!

Una signorina : Piacere mio!
　　　　　　　　삐아체레　미오!

◉ Vocabolario

buon 좋은(buono → p. 70).
giorno 날(日).
signorina 아가씨(Miss). 미혼여성에 대한 존칭.
Lei 당신. 항상 L자를 대문자로 사용한다(→ p. 16).
è ~이다(*inf.* essere → p. 16).
italiana 이탈리아 여성. 이탈리아 남성은 italiano.
sì 예(yes).
sono ~이다(*inf.* essere → p. 16).
mi 내 자신을, 내 스스로를(→ p. 102).

chiamo (나는) ~을/를 부른다(*inf.* chiamare).
e 그리고.
coreano 한국 남성.
come 어떻게.
si 당신 자신을, 당신 스스로를(→ p. 102).
chiama (당신은) ~을/를 부른다(*inf.* chiamare).
molto 매우.
piacere 기쁨, 즐거움.
mio 나의(→ p. 66).

민수 : 안녕하세요, 아가씨. 당신은 이탈리아인입니까?
아가씨 : 예, 저는 이탈리아인이고 로마 출신입니다.
민수 : 제 이름은 민수이고, 한국인입니다. 당신의 이름은요?
아가씨 : 제 이름은 마리아 롯시입니다.
민수 : 만나서 매우 반갑습니다.
아가씨 : 저도 반갑습니다.

Espressione

Buon giorno : 안녕하세요(아침 인사).

아침부터 오후 늦게까지 사용하는 가장 대표적인 인사말이다. 늦은 오후 또는 저녁에는 Buona sera(= Good evening), 잠자기 전에는 Buona notte(= Good night)를 사용한다. 잘 아는 사람들 사이에 사용하는 격식 없는 인사로는 Ciao! 또는 Salve!가 있다.

signorina : 아가씨.

격식을 갖추어 상대방을 부를 때, 남성에게는 signor(e), 결혼하지 않은 여성에게는 signorina, 결혼한 여성에게는 signora라는 호칭을 사용한다. 이탈리아인들은 상대방을 부를 때 성(姓)을 부르는 것이 일반적이다.

Sono di Roma : 나는 로마 출신이다.

'Essere di + 도시명'은 '~출신이다'라는 의미로 자신의 출신지를 나타낼 때 사용하는 표현이다. Sono di Seoul. 나는 서울 출신입니다.

Mi chiamo Maria Rossi : 내 이름은 마리아 롯시입니다.

자신의 이름을 말할 때 사용하는 표현이다. 이 표현 이외에 Sono ~, 또는 Il mio nome è ~라는 표현을 사용할 수 있다. 이탈리아인들이 이름을 말할 경우, 앞에 위치하는 것이 이름(Maria)이고, 뒤에 위치하는 것이 성(姓)이다.

Molto piacere! : 만나서 매우 반갑습니다.

처음 만났을 때 건네는 인사말이다. 그냥 반갑다고 할 때는 Piacere!라고 하면 된다. 이 표현과 더불어 많이 사용되는 표현은 Molto lieto(a)!이다. 이 경우 주의할 것은 말하는 사람이 남성 단수인 경우는 Molto lieto!, 여성 단수인 경우는 Molto lieta!라고 해야 한다는 점이다.

◎ Grammatica

✍ 주격인칭대명사

주격인칭대명사는 말하는 사람을 지시하는 '1인칭', 듣는 사람을 지시하는 '2인칭', 말하는 사람도 듣는 사람도 아닌 제 3자를 지시하는 '3인칭'으로 분류하며, 수(數)에 따라 단수와 복수 형태로 구분한다. 이탈리아어서 문장의 첫 글자는 항상 대문자로 시작한다. 격식적으로 상대방을 대할 때 사용하는 Lei(당신)는 문장 중간에 오더라도 L자를 항상 대문자로 사용한다.

	단 수	복 수
1인칭	io (나)	noi (우리들)
2인칭	tu (너)	voi (너희들, 당신들)
3인칭	lui (그 남자) Lei (당신) lei (그 여자)	loro (그 남자들) Loro (당신들) loro (그 여자들)

✍ Essere 동사

Essere 동사는 영어의 be 동사에 해당하는 가장 기본적인 동사 중의 하나로 일반적으로 주어의 '상태'를 나타낸다. 이 동사는 문맥에 따라 '~이다', '~곳에 위치하다', 또는 '~이/가 있다(존재하다)'라는 의미를 지닌다.

인칭 대명사	Essere 동사	
(Io)	Sono	coreano. 나는 한국인(남성)이다. coreana. 나는 한국인(여성)이다.
(Tu)	Sei	coreano. 너는 한국인(남성)이다. coreana. 너는 한국인(여성)이다.
(Lui)	È	coreano. 그 남자는 한국인이다.
(Lei)		coreana. 그 여자는 한국인이다.
(Lei)		coreano. 당신은 한국인(남성)이다. coreana. 당신은 한국인(여성)이다.
(Noi)	Siamo	coreani. 우리는 한국인(남성들)이다. coreane. 우리는 한국인(여성들)이다.
(Voi)	Siete	coreani. 너희들(당신들)은 한국인(남자들)이다. coreane. 너희들(당신들)은 한국인(여자들)이다.
(Loro)	Sono	coreani. 그들은 한국인(남자들)이다. coreane. 그들은 한국인(여자들)이다.

위의 예에서 보듯이 essere 동사가 사용될 경우, 주어의 성수에 essere 동사 뒤에 오는 명사(또는 형용사)의 형태가 일치해야 한다.

이탈리아인의 인사법

Cultura

이탈리아인들은 남녀 모두 처음 만나는 자리에서는 대부분 악수를 하며 "Molto piacere!(만나서 매우 반갑습니다)"라고 인사를 한다. 그러나 서로 잘 아는 사이에는 '두에 바치(due baci)'를 한다. '두에 바치'란 서로의 볼을 맞대면서 쪽 소리를 내며 인사를 하는 것을 말하는데, 양쪽 볼에 한 번씩 하는 것이 일반적이다. 매우 친한 사이에는 서로 포옹하며 '두에 바치'를 하기도 한다.

Mi scusi! 실례합니다
미 스꾸지

로마 Fiumicino 공항에 도착한 민수, 로마 시내로 가기 위해 공항에서 로마의 중앙역인 Termini역까지 가는 버스를 타려고 한다.

🎧 Dialogo

Minsu : Mi scusi, dove posso prendere l'autobus per la stazione Termini?
미 스꾸지, 도베 뽓소 쁘렌데레 라우또부스 뻬르 라 스따찌오네 떼르미니?

Informazione : È fuori, sulla destra.
에 푸오리, 술라 데스뜨라.

Minsu : Grazie!
그라찌에!

Informazione : Prego!
쁘레고!

Minsu : E il biglietto, dove posso comprarlo?
에 일 빌리에또, 도베 뽓소 꼼쁘라를로?

Informazione : Lo può comprare all'edicola.
로 뿌오 꼼쁘라레 알레디꼴라.

💿 Vocabolario

Mi scusi 실례합니다.
dove 어디.
posso (나는) ~을/를 할 수 있다(*inf.* potere→ p. 52).
prendere ~을/를 타다, 먹다, 마시다.
l'autobus 버스.
per ~향하는.
la stazione 역(驛).
fuori 밖.
sulla destra 오른쪽에.
Grazie! 고맙습니다.
Prego! 천만에요.

e 그리고, 그런데
il biglietto 표, 티켓. il: 자음으로 시작하는 남성 단수 명사 또는 남성 단수 형용사 앞에 사용하는 정관사.
comprarlo 그것을 구입하다. comprare+lo의 결합 형태. comprare: ~을/를 구입하다. lo: 그것을. 앞에 위치한 남성 단수 명사 il biglietto를 대신하는 직접목적대명사 약형(→ p. 176).
può: (당신은) ~할 수 있다(*inf.* potere→ p. 52).
all'edicola: 신문판매소에서. alla edicola의 축약 형태. alla: a+la 전치사관사(→ p. 24). a: ~곳에서.
l'edicola: 신문판매소.

민수 : 실례합니다. 어디서 떼르미니 역에 가는 버스를 탈 수 있나요?
안내 : 밖의 오른 쪽에 있습니다.
민수 : 감사합니다.
안내 : 천만에요.
민수 : 그런데, 티켓은 어디서 살 수 있죠?
안내 : 신문판매소에서 살 수 있어요.

◎• Espressione

Mi scusi!

Mi scusi!는 "실례합니다", "미안합니다"라는 표현으로 격식을 갖추어 사용하는 말이다. 그냥 Scusi! 라고 말해도 된다. 서로 잘 아는 사이에는 Scusa! 미안해! 혹은 Scusami!라는 격식 없는 표현을 사용한다. 상대방의 말을 잘 알아듣지 못했을 때, Scusi?(혹은 Scusa?)라고 끝을 올려서 말하면 "뭐라고 말씀하셨죠?"라는 표현으로도 사용된다.

Dove posso ~?

"Dove posso ~?"은 "제가 어디서 ~을/를 할 수 있습니까?"라는 표현이다. 동사 posso는 조동사이므로 뒤에는 반드시 동사 원형이 온다. 동사 posso 대신에 동사 potere의 조건법 현재 형태인 potrei(→ p. 52)를 사용하는 것이 더 공손한 표현이다.

Grazie!

Grazie!는 "감사합니다", "고맙습니다"라는 표현이다. 여기에 '매우'라는 말을 덧붙이려면 'molto(= tanto)' 또는 'mille'를 사용해서 "Molte grazie!", "Grazie mille!"라고 말한다.

Prego!

Prego!는 Grazie!에 대한 대답으로 "천만에요"라는 표현이다. Prego! 대신에 동일한 의미로 "Non c'è di che!" 혹은 "Si figuri!" 등이 사용된다. Prego!는 상대방이 "Posso fumare?(담배를 피워도 될까요?)" 등의 어떤 요구를 할 때 "그렇게 하십시오"라는 의미로도 사용된다.

⊙ Grammatica

✎ 명사의 성(性, genere)과 수(數, numero) 1. (→ p. 24 계속)

'이탈리아어의 명사'는 성(性)과 수(數)로 나눠지는데 성(性)에는 남성과 여성, 수(數)에는 단수와 복수가 있다.

1. 명사의 마지막 모음이 -o로 끝나는 경우는 거의 대부분 남성 단수이다. 이러한 경향은 이탈리아 남성들의 이름(예 : Mario, Roberto, Paolo 등)에서도 알 수 있다. -o로 끝나는 남성 단수 명사의 복수형은 -i로 고친다.

남성 (m.)	단수(s.) : -o	복수(pl.) : -i
	coreano 한국 남성	coreani
	italiano 이탈리아 남성	italiani

2. 명사의 마지막 모음이 -a로 끝나는 경우는 거의 대부분 여성 단수이다. 이탈리아 여성들의 이름 (예 : Maria, Roberta, Paola 등)에서도 알 수 있다. -a로 끝나는 여성 단수 명사의 복수형은 -e로 고친다.

여성 (f.)	단수(s.) : -a	복수(pl.) : -e
	coreana 한국 여성	coreane
	italiana 이탈리아 여성	italiane

3. 명사의 마지막 모음이 -e로 끝나는 경우는 남성 단수일 수도 있고, 여성 단수일 수도 있다. 이 경우에 사람이나 동물일 경우는 자연적인 성으로 구별할 수 있으나, 무생물인 경우는 암기해야 한다. -e로 끝나는 남성 및 여성 단수 명사의 복수형은 성에 관계없이 모두 -i로 고친다.

	단수(s.) : -e	복수(pl.) : -i
남성 (m.)	padre 아버지	padri
	fiore 꽃	fiori
여성 (f.)	madre 어머니	madri
	lezione 수업	lezioni

중요한 점은 명사의 성수에 관사, 형용사, 대명사 등의 성수도 일치되어야 한다는 점이다. 특히 문장이 영어의 be 동사에 해당하는 essere 동사가 사용될 경우에는 주어의 성수와 주어 뒤에 오는 명사 (또는 형용사)의 성수가 반드시 일치되어야 한다.

Mario è italiano. 마리오는 이탈리아인이다.
Anna è italiana. 안나는 이탈리아인이다.
I fiori sono belli. 꽃들은 예쁘다.
Le madri sono generose. 어머니들은 인자하다.

이탈리아 공항들은 세계 각지에서 도착한 사람들로 항상 북적거린다. 이탈리아에 유럽연합의 다른 도시들(예: 파리, 프랑크푸르트, 암스테르담..)을 거쳐서 입국할 경우에는 환승 도시에서 입국 심사 및 세관검사를 하기 때문에 별도의 검사가 없다. 하지만 다이렉트로 로마나 밀라노에 도착하면 먼저 간단한 입국 심사를 하고 그 다음에 세관 검사를 한다. 로마 공항의 경우, 짐을 싣는 카트를 이용하는 경우 1유로짜리 동전을 넣어야 하기 때문에 막 도착해서 짐은 많은데 동전이 없는 경우 좀 난감하다. 짐을 찾는 장소 가까운 곳에 환전 창구가 마련되어 있지만 불편한 것은 사실이다.

이탈리아 공항

입에서 톡 독학 이탈리아어 첫걸음

Andiamo all'Hotel Roma! 로마 호텔에 갑시다!
안디아모   알오텔   로마

드디어 Termini 역에 도착한 민수, 미리 예약한 호텔로 가기위해 택시를 이용한다.

Dialogo

Tassista : Buona sera! Dove andiamo?
부오나   세라! 도베   안디아모?

Minsu : Buona sera! Andiamo all'Hotel Roma in via Garibaldi!
부오나   세라! 안디아모   알오텔   로마   인 비아 가리발디!

Tassista : Va bene! Ma, prima, metto le Sue valigie nel bagagliaio.
바 베네! 마, 쁘리마, 메또   레 수에 발리제   넬   바갈리아이오.

Minsu : Grazie!
그라찌에!

Tassista : Si figuri!
시 피구리!

Vocabolario

tassista 택시 운전수
buona 좋은(→ p. 70).
sera 저녁.
dove 어디에.
andiamo (우리는) 간다(*inf.* andare→ p. 34).
andiamo ~! (우리) ~로 갑시다! 동사 andare의 noi(우리들)에 대한 청유형 명령 형태(→ p. 140). Noi(우리들)에 대한 청유형 명령 형태는 직설법 현재 1인칭 복수 형태와 동일하다.
al a+il 전치사관사. a: ~곳에, 장소에.
Hotel 호텔. '호텔'이라는 순수한 이탈리아어는 'albergo'이다.
in ~곳에, ~장소에.
via 가(街). 거리 이름 앞에 사용한다.

Va bene! 좋다! va: 가다(*inf.* andare→ p. 34).
bene 잘.
ma 그러나.
prima 먼저.
metto (나는) ~을/를 넣다(*inf.* mettere→ p. 112).
le Sue valigie 당신의 짐 가방. le: 여성 복수 명사 또는 여성 복수 형용사 앞에 사용하는 정관사. Sue: 당신의. 뒤에 위치한 명사 valigie(= valige)를 수식하는 소유형용사(→ p. 66). valigie: 짐 가방들, 여행용 가방들. 단수 형태는 valigia이다.
nel bagagliaio 트렁크에, 트렁크 속에.
nel: in+il 전치사관사. in: ~안에, ~속에.
Si figuri! 천만에요(= Prego!)(*inf.* figurarsi).

택시 운전수 : 안녕하세요! 어디로 갈까요?

민수 : 안녕하세요! 가리발디가(街)에 있는 로마 호텔로 갑시다.

택시 운전수 : 좋습니다. 그런데 먼저 당신의 짐 가방을 트렁크에 넣겠습니다.

민수 : 감사합니다.

택시 운전수 : 천만에요.

Espressione

Andiamo all'Hotel Roma! (우리) 로마 호텔에 갑시다.

일상생활에서 매우 자주 사용되는 청유형 명령 표현(→ p. 140)으로 "Andiamo + (a, alla, da, dal, in...) + **장소**" 형태는 "(우리) ~곳에 갑시다! ~곳에 가자!"의 의미이다. 명령 표현에서는 주격인칭대명사(이 경우는 noi)를 사용하지 않는다.

Andiamo a casa! (우리) 집에 가자!
Andiamo a Roma! (우리) 로마에 가자!
Andiamo al cinema! (우리) 영화 보러 가자!
Andiamo da Mario! (우리) 마리오네 집에 가자!
Andiamo dal medico! (우리) 병원에 가자!
Andiamo in pizzeria! (우리) 피자집에 가자!
Andiamo in Italia! (우리) 이탈리아에 가자!

"**Andiamo a + 동사원형**" 형태는 "(우리) ~하러 갑시다! ~하러 가자!"의 의미이다.
Andiamo a cantare! (우리) 노래하러 갑시다!
Andiamo a ballare! (우리) 춤추러 갑시다!
Andiamo a prendere un caffè! (우리) 커피 마시러 갑시다!
Andiamo a mangiare una pizza! (우리) 피자 먹으러 갑시다!

상기한 표현의 형태에 물음표를 사용하여 문장의 끝을 살짝 올려 "**Andiamo ~?**"라고 말하면 "(우리) ~하러 갈까요? ~하러 갈까?"라는 의문문이 된다.

Andiamo a lezione? (우리) 수업에 갈까?
Andiamo al bar? (우리) 바에 갈까?
Andiamo al concerto? (우리) 콘서트에 갈까?
Andiamo a fare la spesa? (우리) 쇼핑하러 갈까?

◎• Grammatica

📝 명사의 성과 수 2. (→ p. 20 명사의 성과 수 1)

명사의 마지막 모음이 -i로 끝나는 경우는 -e로 끝나는 경우와 마찬가지로 남성 단수 또는 여성 단수 중 하나이다. 이 경우의 복수 형태는 단수 형태와 동일한 -i이다. 단수와 복수의 구별은 정관사(→ p. 130)로 구별한다.

	단수(s.) : -i	복수(pl.) : -i
남성	sci 스키	sci
여성	analisi 분석	analisi

📝 전치사관사

문장에서 '전치사' (a, di, da, in, con, su, per, fra(또는 tra)) 뒤에 오는 명사가 정관사를 동반하는 경우에는 '정관사(→ p. 130)'와 결합해 **전치사관사**라는 형태를 갖는다.

각각의 전치사는 한 가지의 의미만을 갖는 것이 아니라 문맥에 따라 다양한 의미를 지니고 있으므로, 문장을 전체적으로 파악해서 사용된 전치사가 어떤 의미를 지니는지 관찰해야 한다.

	il	lo(l')	la(l')	i	gli	le
a	al	allo(all')	alla(all')	ai	agli	alle
di	del	dello(dell')	della(dell')	dei	degli	delle
da	dal	dallo(dall')	dalla(dall')	dai	dagli	dalle
in	nel	nello(nell')	nella(nell')	nei	negli	nelle
su	sul	sullo(sull')	sulla(sull')	sui	sugli	sulle
con	con il	con lo	con la	con i	con gli	con le
per	per il	per lo	per la	per i	per gli	per le
fra(tra)	fra il	fra lo	fra la	fra i	fra gli	fra le

* 전치사 con과 per의 경우도 col, collo, coi, pel, pello, pella 등의 형태로 사용되었으나, 현대 이탈리아어에서는 fra(tra)의 경우와 같이 con il, con lo, con i, per il, per lo, per la... 처럼 분리된 형태로 사용되고 있다.

예 :
Vado al cinema. 나는 영화 보러 간다.
Lavoro dalla mattina alla sera. 나는 아침부터 저녁까지 일한다.
Il libro è sul tavolo. 그 책은 탁자 위에 있다.

이탈리아 택시

Cultura

이탈리아에서 택시 정류장은 주로 역 근처에 위치하고 있으며, 큰 도시의 경우 여러 곳에 택시 정류장이 마련되어 있다. 이탈리아 택시는 콜(call)택시이기 때문에 손님을 태우기 위해 이곳저곳으로 돌아다니지 않고, 정류장에 머물러 있다가 전화를 받은 후에 손님이 있는 곳으로 이동한다. 그러므로 한 도시에서 오래 머물게 될 경우에는 가까운 택시 정류장이나 그 지역의 콜택시 번호를 알고 있는 것이 편리하다. 또한 여행 가방 등의 짐을 싣게 되는 경우는 짐 값을 별도로 받는다.

Il numero della Sua camera è il 123.
일 누메로   델라   수아 까메라   에 일 첸또벤띠뜨레.

당신 방은 123호입니다.

로마 호텔에 도착한 민수. 호텔 직원과 이야기를 나눈다.

🎧 Dialogo

Impiegato: Buona sera, signore! Desidera?
부오나 세라, 시뇨레! 데지데라?

Minsu: Buona sera! Ho prenotato una camera singola con bagno.
부오나 세라! 오 쁘레노따또 우나 까메라 싱골라 꼰 바뇨.

Impiegato: Con quale nome ha prenotato?
꼰 꽐레 노메 아 쁘레노따또?

Minsu: Minsu.
민수.

Impiegato: Eccolo! Il numero della Sua camera è il 123.
에꼴로! 일 누메로 델라 수아 까메라 에 일 첸또벤띠뜨레.

Minsu: A che ora è la colazione?
아 께 오라 에 라 꼴라찌오네?

Impiegato: Dalle 7 e 30 alle 10.
달레 셋떼 에 뜨렌따 알레 디에치.

Minsu: Grazie! Lei è molto gentile.
그라찌에! 레이 에 몰또 젠띨레.

💿 Vocabolario

impiegato 사무원.
Desidera? 도와드릴까요? (*inf.* desiderare).
ho prenotato (나는) ~을/를 예약했다.
  직설법 근과거 형태(→ p. 108, p. 98).
una camera 방(= room)
singola 싱글의.
con bagno 화장실이 있는. con: ~과 함께.
  bagno: 화장실, 욕조.
con quale nome 어느 이름으로(= A che nome)
ha prenotato (당신은 Lei) ~을/를 예약했다.
Eccolo! 여기 있군요! Ecco+lo(→ p. 176)

Il numero 번호.
camera 방(= room).
a che ora ~? 몇 시에 ~? a: ~때에. che: 무엇,
  몇. 뒤에 위치한 명사 ora를 수식하는 의문형용사.
  ora: 시간.
la colazione 아침 식사.
dalle 7 e 30 alle 10. 7시 30분에서 10시까지. da
  A a B: A에서 B까지. da: ~로 부터. le: 여성 복수
  명사 또는 여성 복수 형용사 앞에 사용되는 정관사.
  alle: a+le 전치사관사. a: ~까지.
gentile 친절한.

사무원 : 안녕하세요, 선생님! 도와드릴까요?
민수 : 안녕하세요! 저는 화장실이 있는 싱글룸 1개를 예약했습니다.
사무원 : 어느 이름으로 예약하셨죠?
민수 : 민수요.
사무원 : 여기 있군요! 당신 방은 123호입니다.
민수 : 몇 시에 아침 식사를 제공하나요?
사무원 : 7시 30분 부터 10시까지입니다.
민수 : 감사합니다. 당신은 매우 친절하시군요.

◉• Espressione

✎ dalle 7 e 30 alle 10. 7시 30분에서 10시까지.

Da A a B: A에서 B까지. '시간'은 이탈리아어로 ora이며, 여성 단수이다. 시간은 하루에 24시간이므로 24시간 중에서 1시에 해당하는 경우를 제외하고 2시 이후는 모두 여성 복수로 취급한다. 시간을 말할 때는 반드시 정관사를 사용한다(예 : È l'una. 1시이다. Sono le tre. 3시이다).

이 표현은 장소를 나타낼 경우에도 사용된다.
Da Seoul a Busan: 서울에서 부산까지.

상기한 대화에 사용된 표현 이외에 호텔에 관련된 표현은 다음과 같다(→ p. 239).
Avete una camera libera?
빈방 한 개 있습니까?

Avete due camere libere?
빈방 두 개 있습니까?

Vorrei prenotare una camera doppia.
저는 트윈룸 1개를 예약하고 싶습니다.

Vorrei fermarmi due notti.
저는 이틀 밤을 묶고 싶습니다.

Quanto costa per una notte?
하루 밤에 얼마죠?

◎ Grammatica

✏ 기수(Numeri cardinali)

zero(0), uno(1), due(2), tre(3), quattro(4), cinque(5), sei(6), sette(7), otto(8), nove(9), dieci(10), undici(11), dodici(12), tredici(13), quattordici(14), quindici(15), sedici(16), diciassette(17), diciotto(18), diciannove(19), venti(20)...

기수 uno(1)은 부정관사의 규칙을 따른다(→ p. 56).
예 : un quaderno 공책 한 권, uno specchio 거울 한 개, una sedia 의자 한 개

기수 2부터는 형태가 변하지 않는다. 명사와 사용될 경우 명사의 성에 관계없이 명사의 형태만 복수로 변한다.
예 : due quaderni 공책 두 권, tre specchi 거울 세 개, quattro sedie 펜 네 개

11에서 16까지는 uno(1)+dieci(10)=undici(11), due(2)+dieci(10)=dodici(12)... 등과 같은 방식으로 이루어져 있으며, 17부터 19까지는 dieci(10)+sette(7)=diciassette(17), dieci(10)+otto(8)=diciotto(18)... 등과 같은 방식으로 되어 있다.

21부터는 ventuno(= 20+1), ventidue(= 20+2), ventitré(= 20+3)... ventotto(20+8), ventinove(20+9) 등으로 venti(20)에 uno, due, tre...처럼 1~9까지 붙여주면 된다. 단, 모음과 모음이 겹치는 경우는 축약한다(예 : ventiuno → ventuno, ventiotto → ventotto).

이 이후 숫자의 경우도 이와 같은 일정한 규칙을 따르면 된다.
trenta(30), trentuno(31), trentadue(32), trentatré(33)... quaranta(40), qurantuno(41)... cinquanta(50), cinquantuno(51)... sessanta(60)... sessantotto(68)... settanta(70), settantuno(71)... ottanta(80), ottantuno(81).... novanta(90)... novantanove(99).

100(일백)은 cento이며, 200부터는 duecento(2×100)의 형태이다.
100(일백)이후부터는 모음과 모음이 겹쳐도 축약하지 않는다.
예 : centouno(101), centootto(108).... novecentootto(908)...

duecento(200), trecento(300), quattrocento(400), cinquecento(500), seicento(600), settecento(700), ottocento(800), novecento(900).

1.000(일천)은 mille이며 복수형은 mila이다. 2.000 부터는 duemila(2×1.000)의 형태이다.
duemila(2.000) / tremila(3.000)... / novemila(9.000)... / diecimila(10.000) / ventimila(20.000)... / novantamila(90.000)... / centomila(100.000) / duecentomila(200.000) / quattrocentomila(400.000)... / novecentomila(900.000)... / unmilione(1.000.000) / duemilioni(2.000.000) / tremilioni(3.000.000)... / diecimilioni(10.000.000)...

Cultura

이탈리아어에는 서로 잘 아는 사람들 사이에 사용하는 비격식체와 처음 만나는 사이라든가 잘 모르는 사이에 사용하는 격식체가 있다. 비격식체는 상대방을 tu(너)라고 부르며, 격식체에서는 상대방을 Lei(당신)이라고 부른다. 한 가지 중요한 것은 비격식체를 사용한다고 해서 상대방을 존중하지 않는다는 의미는 아니라는 것이다. 오히려 처음 만난 경우에도 비격식체를 사용함으로써 친근감을 표시하는 경우도 많고, 처음에 격식체를 사용해서 말을 나누다가도 시간이 조금 지나면 "Ci diamo del tu(우리 서로 말 놓읍시다)"라고 하고는 비격식체를 사용하는 경우가 대부분이다. 격식체를 사용할 경우에는 일반적으로 상대방을 부를 때 호칭(Signore, Signorina, Signora)을 같이 사용한다.

말 놓고 말하기, 격식적으로 말하기

Come stai? 어떻게 지내니?
꼬메   스따이?

로마에서 하루 밤을 지낸 민수, 다음날, 한국어를 배우기 위해 서울에 왔던 마리아를 만난다.

🎧 Dialogo

Minsu : Ciao, Maria!
챠오,   마리아!

Maria : Ciao, Minsu! Come stai?
챠오,   민수!   꼬메   스따이?

Minsu : Sto bene, grazie. E tu?
또   베네,   그라찌에. 에 뚜?

Maria : Molto bene.
몰또   베네.

Minsu : Sono molto contento di rivederti a Roma.
소노   몰또   꼰뗀또   디 리베데르띠   아 로마.

Maria : Anch'io.
앙끼오.

○• Vocabolario

Ciao! 안녕!
come 어떻게.
stai? (너는) 지낸다(*inf.* stare → p. 34).
sto bene (나는) 잘 지낸다.
   sto: (나는) 지낸다.(*inf.* stare → p. 34).
bene 잘.
grazie 고맙다.
e 그리고.
tu 너. 주격인칭대명사 2인칭 단수 형태(→ p. 16).
sono molto contento (나는) 매우 기쁘다
sono (나는) ~이다(*inf.* essere → p. 16).

molto 매우
contento 기쁜, 행복한, 만족스런
di 전치사. 이곳에서는 essere contento di~하게 되어 기쁘다
rivederti (너를) 다시 보다. rivedere+ti의 결합형태
rivedere ~을/를 다시보다, ~을/를 다시 만나다.
ti 너를. 직접목적인칭대명사 약형 2인칭 단수 형태. (→ p. 154).
a Roma 로마에서. a: ~곳에서. 이곳에서는 '장소'를 나타낸다. a+도시명. in+국가명.

민수, 로마에서 마리아와 재회하다.

민수 : 안녕, 마리아!
마리아 : 안녕, 민수! 어떻게 지내니?
민수 : 잘 지냈어. 고마워. 너는?
마리아 : 나도 잘 지내.
민수 : 너를 로마에서 다시 보게 되어 기뻐.
마리아 : 나도 그래.

Espressione

Come stai? 어떻게 지내니?
잘 아는 사이에 사용하는 인사말로, 상대방의 안부를 물어볼 때 사용한다.

Come sta? 어떻게 지내십니까?
격식을 갖춘 인사말로, 처음 만나거나, 서로 잘 알지 못하는 경우에 상대방의 안부를 물어볼 때 사용한다. 젊은이들은 처음 만나는 경우에도 Ciao! Come stai?를 주로 사용한다.

Sto bene. 잘 지냅니다.
상기한 인사에 대한 대답입니다. "매우 잘 지낸다"라고 말하고 싶으면 "Sto molto bene"라고 하면 된다.

Sto male. 좋지 않습니다.
역시 상기한 인사에 대한 대답이다. 주로 몸의 상태가 좋지 않은 경우에 사용한다.

Così così. 그저 그렇습니다.
특별한 일 없이 그저 그렇게 지낼 때 사용하는 표현이다. 영어의 So so에 해당한다.

Come va? 일은 어때요?
앞서 설명한 Come stai(sta)? 대신에 사용하는 안부 표현이다. 이 경우는 일반적으로 사업이라든가, 공부 등 하는 일이 잘 되는지를 묻는 의미가 포함되어 있다. 이 표현은 상대방에 관계없이(비격식적, 격식적) 사용할 수 있다. 이 표현에 il lavoro, lo studio 등을 덧붙여 사용해도 좋다.
예 : Come va lo studio? 공부는 어때?

Va bene. 잘 되갑니다.
상기한 Come va?에 대한 대답입니다. "모든 것이 잘 되간다"라고 말하고 싶으면 '모든 것'이라는 의미의 'tutto'를 사용해서 "Va tutto bene"라고 말하면 된다.

Va male. 좋지 않습니다.
역시 상기한 Come va?에 대한 대답으로, 하는 일의 상황이 좋지 않을 때 사용한다.

◎•Grammatica

✏ Stare 동사의 직설법 현재형

상태를 나타내거나, '지내다' 등의 의미를 지니고 있는 stare 동사는 다음과 같이 변화한다.

(io) sto	(noi) stiamo
(tu) stai	(voi) state
(lui/lei/Lei) sta	(loro) stanno

A: Come sta tuo padre? 네 아버지는 어떻게 지내시니?
B: Sta bene. 잘 지내셔.

A: Come state? 너희들은 어떻게 지내니?
B: Stiamo bene. 우리들은 잘 지내.

A: Come stanno i tuoi genitori? 네 부모님들은 어떻게 지내시니?
B: Stanno bene. 그들은 잘 지내셔.

A: Come stanno? 그들은 어떻게 지내니?
B: Stanno bene. 그들은 잘 지내.

✏ Andare 동사의 직설법 현재형

일반적으로 '가다' 라는 의미를 지니고 있는 andare 동사는 불규칙 동사로 다음과 같이 변화한다.

(io) vado	(noi) andiamo
(tu) vai	(voi) andate
(lui/lei/Lei) va	(loro) vanno

A: Dove vai? 너는 어디 가니?
B: Vado a scuola. 나는 학교에 간다.

A: Dove andate? 너희들은 어디 가니?
B: Andiamo in pizzeria. 우리는 피자집에 간다.

A: Dove vanno? 그들은 어디 가니?
B: Vanno al cinema. 그들은 영화보러 간다.

Cultura

바(bar)

이탈리아인들에게 있어서 바(bar)는 일상생활과 매우 밀접한 연관을 지닌 장소이다. 이탈리아인이라면 하루에 두 번은 반드시 들리는 곳, 그곳에 가서 커피 한 잔 하지 않으면 하루의 일과 중에서 무엇인가를 하지 않은 것 같은 허전한 느낌을 받는 곳이 바로 바(bar)이다. 이탈리아 직장인들의 대부분이 아침 식사를 하는 곳, 약속 장소, 포도주 한 잔 가볍게 하는 곳, 출출할 때 간단한 빵 혹은 파스타를 먹을 수 있는 곳이 바(bar)이다. 특히 동네에 있는 바(bar)는 그 마을의 모든 뉴스가 전해지는 장소이며, 경우에 따라 연장자들이 주로 모이는 바(bar)와 젊은이들이 모이는 바(bar)로 구분되어 있기도 하다.

Sono di Seoul. 나는 서울 출신입니다.
소노   디 서울

민수를 만나러 나온 마리아가 같이 동행한 여자 친구 크리스틴을 민수에게 소개한다.

🎧 Dialogo

Maria : Minsu, ti presento la mia amica Cristin.
민수, 띠 쁘레젠또 라 미아 아미까 크리스틴.

Cristin, questo è Minsu.
크리스틴, 꽤스또 에 민수.

Minsu : Molto piacere! Sono Minsu.
몰또 삐아체레! 소노 민수.

Cristin : Molto lieta! Mi chiamo Cristin.
몰또 리에따! 미 끼아모 크리스틴.

Maria : Cristin, Minsu è coreano.
크리스틴, 민수 에 꼬레아노.

Minsu : Sì, sono di Seoul.
시, 소노 디 서울.

Cristin : Io sono americana, di Boston.
이오 소노 아메리까나, 디 보스톤.

◎ Vocabolario

ti 네게. 간접목적인칭대명사 약형 2인칭 단수 형태(→ p. 80).
presento (나는) ~을/를 소개하다(*inf.* presentare).
la mia amica 내 여자 친구. **la**: 정관사. 일반적으로 소유형용사 앞에는 관사를 사용한다.
mia 나의. 소유형용사(→ p. 66).
amica 여자 친구.
questo 이 사람. 지시대명사(→ p. 38).
piacere 기쁨.
sono~ (나는) ~이다(*inf.* essere → p. 16).
molto lieta! 매우 반갑습니다! 처음 만났을 때 사용하는 관용 표현. **molto**: 매우. **lieta**: 기쁜, 행복한. 이 경우 말하는 주어가 여성 단수인 Cristin이므로 주어와의 성수일치에 의해 lieta이다. 만일에 주어가 남성 단수라면 lieto라고 해야 한다.
lieta 기쁜, 행복한.
coreano 한국인(남성)
(sono) di Seoul (나는) 서울 출신이다.
sono americana (나는) 미국인이다. **americana**: 미국인(여성).
(sono) di Boston (나는) 보스톤 출신이다.

민수, 로마에서 마리아와 재회하다.

마리아 : 민수, 네게 내 친구 크리스틴을 소개할게.
　　　　크리스틴, 이쪽은 민수야.
민수 : 매우 반가워! 나는 민수야.
크리스틴 : 나도 매우 반가워! 내 이름은 크리스틴이야.
마리아 : 크리스틴, 민수는 한국인이야.
민수 : 그래, 나는 서울 출신이야.
크리스틴 : 나는 미국인이고 보스톤 출신이야.

◎·Espressione

Ti presento ~ : 네게 ~을/를 소개할게.

상대방에게 사람을 소개할 때 사용하는 표현이다. 남자 친구 홍길동을 소개한다면 "Ti presento il mio amico Kil-dong, Hong"하면 된다. 상대방에게 격식을 갖추어 사람을 소개할 경우는 Le를 사용해서 "Le presento il signor ○○○(나는 당신께 ○○○씨를 소개합니다)"라고 하면 된다.

Questo è ~ : 이쪽은(이 사람은) ~입니다.

이 경우는 내가 소개할 사람이 남성인지, 여성인지에 따라 주의를 기울여야 한다. 내가 소개할 사람이 남성 단수라면 지시대명사 questo를 사용하고, 내가 소개할 사람이 여성 단수라면 성수일치에 의해 questa라고 해야 한다(→ p. 38). 예: Questa è Anna: 이쪽은(이 사람은) Anna야.

(io) Sono ○○○ : 내 이름은 ○○○입니다.

동사 essere 다음에 이름을 말하면 "이름은 ○○○이다"라는 표현이다. 이 표현 외에도 "Mi chiamo ○○○" 또는 "Il mio nome è ○○○"를 사용한다. 상대방의 이름을 물어보는 표현은 비격식적 표현으로 "Come ti chiami?(네 이름은 뭐니?)", 격식적 표현으로 "Come si chiama?(당신 이름은 무엇입니까?)"를 주로 사용한다.

(io) Sono di ~ : 나는 ~출신이다.

출신지를 말할 때 사용하는 표현으로 "Essere di + 도시명"의 형태를 사용한다.
상대방의 출신지를 묻는 표현은 격식 없이 "Di dove sei?(너는 어디 출신이니?)", 격식을 갖추어 "Di dov'è Lei?(당신은 어디 출신이세요?)"라고 질문하면 된다. 처음 만나는 상대방에게 출신지를 물어보는 것은 실례가 될 수도 있다.

● Grammatica

✎ 지시대명사와 지시형용사

가까이 또는 먼 곳에 있는 명사를 대신하며 지시하는 품사를 '지시대명사'라고 한다. 가까이 또는 먼 곳에 있는 사람 또는 사물을 수식하며 지시하는 품사를 '지시형용사'라고 한다. '지시대명사'는 지시하는 명사를 대신하므로 명사와 같이 사용되지 않고 단독으로 사용되며, '지시형용사'는 뒤에 오는 명사를 수식한다. 두 가지 경우 모두 반드시 '명사의 성수와 일치'해야 한다. 대표적으로 가까운 사람 또는 사물을 지시하는 questo와 먼곳에 있는 사람 또는 사물을 지시하는 quello가 있다.

1) 지시대명사 questo의 형태

	단수(s.)	복수(pl.)
남성(m.)	questo 이것(이 남자)	questi 이것들(이 남자들)
여성(f.)	questa 이것(이 여자)	queste 이것들(이 여자들)

Questo è un libro. 이것은 책이다. → Questi sono libri.

2) 지시형용사 questo의 형태

	단수(s.)	복수(pl.)
남성(m.)	questo libro 이 책	questi libri 이 책들
여성(f.)	questa penna 이 펜	queste penne 이 펜들

Questo libro è bello. 이 책은 멋있다. → Questi libri sono belli.

3) 지시대명사 quello의 형태

	단수(s.)	복수(pl.)
남성(m.)	quello 저것(저 남자)	quelli 저것들(저 남자들)
여성(f.)	quella 저것(저 여자)	quelle 저것들(저 여자들)

Quello è un cellullare. 저것은 휴대폰이다. → Quelli sono cellullari.

4) 지시형용사 quello의 형태

	단수(s.)	복수(pl.)
남성(m.)	quel libro 저 책	quei libri 저 책들
	quello specchio 저 거울	quegli specchi 저 거울들
여성(f.)	quella penna 저 펜	quelle penne 저 펜들

Quel libro è bello. 저 책은 멋있다. → Quei libri sono belli.
Quello specchio è bello. 저 거울은 멋있다. → Quegli specchi sono belli.

여러 이탈리아 도시들

Cultura

이탈리아는 1861년에 통일되기 이전까지 도시국가의 형태를 이루었던 지역이다. "이탈리아 역사란 없다. 단지 로마 역사, 밀라노 역사, 베네치아 역사 등… 각 도시 국가 혹은 각 지역의 역사만이 존재할 뿐이다" 혹은 "이탈리아 음식이란 없다. 단지 로마 음식, 밀라노 음식, 베네치아 음식 등… 각 도시 국가 혹은 각 지역의 음식만이 존재할 뿐이다"라는 말이 있을 정도로 각 지역마다 독특한 역사와 문화를 지니고 있다. 이탈리아 도시들 또한 그 도시의 사진을 보는 순간, 그 도시가 어느 도시인지 곧바로 알 수 있을 정도로 독특한 모습을 지니고 있다.

각 지역의 사람을 부르는 명사
milanese, modenese, bolognese, torinese, genovese, calabrese, trentino(a), romano(a), fiorentino(a), veneziano(a), napoletano(a), siciliano(a), vicentino(a), padovano(a), comasco(a), parmigiano(a)

Prendo un cappuccino. 나는 카푸치노 마실래.
쁘렌도   운   까푸치노

서로의 인사와 소개가 끝난 후 민수와 마리아 그리고 크리스틴은 음료를 주문한다.

🎧 Dialogo

Cameriere : Desidera?
데지데라?

Maria : Vorrei un caffè, per favore!
보레이 운 카페, 뻬르 파보레!

E tu Minsu, cosa vuoi prendere?
에 뚜 민수, 꼬자 부오이 쁘렌데레?

Minsu : Prendo un cappuccino.
쁘렌도 운 까푸치노.

Cameriere : Lei, signorina?
레이, 시뇨리나?

Cristin : Vorrei.... un succo d'arancia.
보레이.... 운 수꼬 다란치아.

Cameriere : Ecco! Sono pronti.
에꼬! 소노 쁘론띠.

Maria : Grazie!
그라찌에!

⚪ Vocabolario

cameriere 남자 종업원. 여자 종업원은 cameriera 이다.
vorrei (나는) ~을/를 원한다(*inf*. volere → p. 42).
un caffè 커피. 일반적으로 바(bar)에서 caffè는 에스프레소 커피(caffè espresso)를 의미한다.
per favore! 영어의 please!에 해당하는 표현으로 공손함을 나타낸다.
tu 너. 주격인칭대명사 2인칭 단수 형태(→ p. 16).
cosa 무엇.
vuoi (너는) ~을/를 원한다(*inf*. volere → p. 42).
prendere ~을/를 마시다, 먹다, 가지다, 타다.
prendo (나는) ~을/를 마시다, 먹다. 가지다(*inf*. prendere → p. 42).
un cappuccino 카푸치노.
io 나. 주격인칭대명사 1인칭 단수 형태(→ p. 16).
un succo d'arancia 오렌지 쥬스. un succo: 쥬스. d'arancia: 오렌지의. di arancia의 축약 형태. di: ~의. arancia: 오렌지. 오렌지 나무는 arancio.
Ecco! 자! "여기에 ~이 있다"라는 의미로도 사용된다.
sono pronti (음료들이) 준비되었다. sono: (음료들이) ~이다.(*inf*. essere → p. 16).
pronti 준비된. 형용사 pronto의 복수 형태. 주문한 음료들(커피, 카푸치노, 오렌지 쥬스)이 남성 복수이므로 성수일치에 의해 pronti이다.

> 민수, 로마에서 마리아와 재회하다.

남자 종업원 : 도와드릴까요?

마리아 : 커피 주세요.

　　　　　민수, 너는 무엇을 마시고 싶니?

민수 : 나는 카푸치노 마실래.

남자 종업원 : 아가씨는요?

크리스틴 : 저는... 오렌지 쥬스요.

남자 종업원 : 자! 준비됐습니다.

마리아 : 고맙습니다.

Espressione

Desidera? 도와드릴까요?

이 표현은 가게에 들어 온 손님에게 공손하게 무엇을 원하는지 격식을 갖추어 묻는 표현이다. 이 표현 대신에 "Mi dica!(말씀하세요!)"라는 표현도 많이 사용된다. 바(bar) 또는 식당 같은 곳에서는 "Che cosa vuole prendere (Lei)?(당신은 무엇을 드시겠습니까?)"라고도 표현한다.

Cosa vuoi prendere? 너는 무엇을 마실래(먹을래)?

서로 잘 아는 사이에 상대방에게 무엇을 마실지 혹은 먹을지 질문하는 표현이다. 마실 것이라는 것에 한정해서 사용할 경우에는 bere(~을/를 마시다) 동사를 사용해서 "Cosa vuoi bere?"라고 질문할 수 있다.

Vorrei un caffè. 나는 커피를 원합니다.

상기한 두 질문에 대한 대답의 한 예이다. 자신이 원하는 것이 커피라면 동사 prendere(~을/를 마시다, 먹다)의 직설법 현재 1인칭 단수 형태를 사용해서 "Prendo un caffè(커피 마실 거예요)" 또는 간단히 "Un caffè(커피요)"라고 말할 수 도 있다.

하지만 동일한 의도를 동사 volere(~을/를 원하다)의 조건법 현재 1인칭 단수 형태인 vorrei(나는 ~ 을/를 원합니다)를 사용해서 "Vorrei un caffè(저는 커피를 원합니다)" 또는 "Vorrei prendere un caffè(저는 커피 마시기를 원합니다)"라는 완벽한 문장으로도 표현 할 수 있다.

동사 volere의 직설법 현재 1인칭 단수 형태인 voglio(나는 ~을/를 원한다) 대신에 조건법 현재 형 태를 사용하는 이유는 조건법 현재 형태가 상대방에 어떤 요청 또는 질문을 할 때 '공손함, 정중함'을 나타내기 때문이다. 친구에게 질문하는 경우에도 동사 volere의 조건법 현재 2인칭 단수 형태인 vorresti를 사용해서 "Che cosa vorresti prendere?"라고 하면 좀 더 공손하게 문의한다는 의미 가 포함되어 있다.

⊙· Grammatica

✓ Volere 동사의 직설법 현재 형태와 조건법 현재 형태.

동사 volere는 '~을/를 원하다' 라는 의미를 지니고 있으며, 불규칙적으로 변하는 동사로 일상생활에서 가장 많이 사용되는 동사 중 하나이다. 동사 volere가 본동사로 사용될 경우는 명사와 함께 사용되고, 조동사로 사용될 경우에는 동사원형과 같이 사용된다. 직설법 현재 형태는 현재의 객관적 사실을 나타내며, 조건법 현재 형태는 공손함 또는 가능성을 표현한다.

〈직설법 현재 형태〉

(io) voglio	(noi) vogliamo
(tu) vuoi	(voi) volete
(lui/lei/Lei) vuole	(loro) vogliono

Che cosa volete? 당신들은 무엇을 원하십니까?
Vogliamo quella giacca. 우리는 저 재킷을 원합니다.
Vogliamo comprare quella giacca. 우리는 저 재킷을 구입하기를 원합니다.

〈조건법 현재 형태〉

(io) vorrei	(noi) vorremmo
(tu) vorresti	(voi) vorreste
(lui/lei/Lei) vorrebbe	(loro) vorrebbero

Che cosa vorreste prendere? 당신들은 무엇을 드시겠습니까?
Vorremmo gli spaghetti ai frutti di mare. 우리는 해물 스파게티를 원합니다.

✓ Prendere 동사의 직설법 현재 형태

동사 prendere는 상기한 volere 동사와 마찬가지로 일상생활에서 가장 많이 사용되는 동사 중의 하나로 '~을/를 먹다, 마시다', '~을/를 타다', '~을/를 가지다' 등의 다양한 의미로 사용된다.

(io) prendo	(noi) prendiamo
(tu) prendi	(voi) prendete
(lui/lei/Lei) prende	(loro) prendono

Prendo una pizza al prosciutto. 나는 햄 피자를 먹는다.
Prendiamo l'autobus ogni giorno. 우리는 매일 버스를 탄다.
Prendono una matita. 그들은 연필을 갖는다.

Cultura
커피

우리나라에서는 최근 몇 년 사이에 이탈리아 에스프레소(Espresso) 커피 붐이 일어났다. 그 결과 이제 웬만한 카페에 가면 에스프레소 커피를 추출하는 이탈리아 커피머신이 놓여 있는 것을 볼 수 있는데, 아직까지 제대로 된 에스프레소를 제공하는 곳은 그리 많지 않은 것 같다. 이탈리아에서는 카페(caffè)하면 에스프레소 커피를 의미하며, 그 양은 앙증맞은 에스프레소 잔의 1/4 정도인데, 위장까지 도달하지 못하고 목구멍을 적실 정도이다. 너무 강한 에스프레소 커피대신에 약간 부드러운 것을 원하는 사람은 에스프레소 룽고(lungo 긴)를 주문한다. 말 그대로 번역하면 '긴 커피'라는 의미인데 물의 양을 추가해서 약간 묽게 만든 커피이다.

입에서 톡 독학 이탈리아어 첫걸음

Che giorno è oggi? 오늘이 무슨 요일이지?
께 조르노   에 옷지?

Lezione 8

친구들과 커피를 마시며, 벼룩시장은 언제 가야 볼 수 있는지 물어보는 민수.

🎧 Dialogo

Minsu : Che giorno è oggi?
께 조르노 에 옷지?

Maria : Oggi è mercoledì. Perché?
옷지 에 메르꼴레디. 뻬르께?

Minsu : Perché vorrei andare al mercato delle pulci.
뻬르께 보레이 안다레 알 메르까또 델레 뿔치.

Cristin : Devi andarci la domenica, perché il mercato c'è solo quel giorno.
데비 안다르치 라 도메니까, 뻬르께 일 메르까또 체 솔로 꿸 조르노.

Minsu : Grazie per l'informazione. Ma che data è questa domenica?
그라찌에 뻬르 린포르마찌오네. 마 께 다따 에 꿰스따 도메니까?

Cristin : È l'11 gennaio.
에 룬디치 젠나이오.

🔵 Vocabolario

che giorno 무슨 요일. che: 무슨, 어떤. 뒤에 위치한 명사 giorno를 수식하는 의문형용사.
è ~이다. 동사 essere의 직설법 현재 3인칭 단수 형태(*inf.* essere → p. 16).
oggi 오늘.
mercoledì 수요일.
perché 왜, 왜냐하면.
vorrei (나는) ~을/를 하고 싶다(*inf.* volere → p. 42).
andare 가다.
al mercato delle pulci 벼룩시장에. al: a+il 전치사관사. a: ~곳에. il mercato: 시장.
delle pulci 벼룩의. delle: di+le 전치사관사(→ p. 24). di: ~의. i pulci: 벼룩들
devi (너는) ~을/를 해야만 한다(*inf.* dovere → p. 52).
andarci 그곳에 가다. andare+ci(장소)
la domenica 일요일.
c'è ~이 있다.
solo 오로지.
quel giorno 그 날
per l'informazione 정보에 대해서. per: ~대해서. l'informazione: 정보.
ma 그런데, 그러나.
che data 며칠. che: 무슨, 어떤. 뒤에 위치한 명사 data를 수식하는 의문형용사.
questa domenica 이번 일요일.
è l'11 gennaio 1월 11일이다.
gennaio 1월.

민수 : 오늘이 무슨 요일이지?

마리아 : 수요일이야. 왜?

민수 : 왜냐하면 벼룩시장에 가려고.

크리스틴 : 그곳은 일요일에 가야해. 왜냐하면 그날만 시장이 열리기 때문이야.

민수 : 알려줘서 고마워. 그런데 이번 일요일이 며칠이지?

크리스틴 : 1월 11일이야.

Espressione

Che giorno è oggi? 오늘이 무슨 요일이지?

요일을 묻는 표현으로 대답의 예와 각각의 요일은 다음과 같다.

Oggi è sabato. 오늘은 토요일이다.
일 domenica, 월 lunedì, 화 martedì, 수 mercoledì, 목 giovedì, 금 venerdì, 토 sabato.
* 일요일은 여성이며, 월~토요일까지는 남성이다.

In che mese siamo? 지금이 몇 월이지?

달(月)을 묻는 표현으로 대답의 예와 각각의 달은 다음과 같다.

Siamo in gennaio. 지금은 1월이다.
1월 gennaio, 2월 febbraio, 3월 marzo, 4월 aprile, 5월 maggio, 6월 giugno, 7월 luglio, 8월 agosto, 9월 settembre, 10월 ottobre, 11월 novembre, 12월 dicembre.
* 모든 달은 남성이다.

Che data è questa domenica? 이번 일요일이 며칠이지?

날짜를 묻는 표현으로 대답은 다음과 같다. "오늘이 며칠이지?" 라는 표현은 "Quanti ne abbiamo oggi?"이다.

È il 1(primo) gennaio. 1월 1일이다.
* 1일은 반드시 서수를 사용한다.

È il 2(due) gennaio. 1월 2일이다. 2일 부터는 기수를 사용한다.
È il 5(cinque) ottobre. 10월 5일이다.

◉ Grammatica

✎ 수(數)형용사

수(數) 형용사에는 기수와 서수가 있다. 기수에 관해서는 이미 4과(→ p. 28)에서 학습하였으므로 이곳에는 서수 형태와 비교할 수 있게 간단히 도표화 하였다.

기수(Numeri cardinali)				
0 zero	11 undici	21 ventuno	31 trentuno	70 settanta
1 uno(un, una)	12 dodici	22 ventidue	32 trentadue	80 ottanta
2 due	13 tredici	23 ventitré	33 trentatré	90 novanta
3 tre	14 quattordici	24 ventiquattro	40 quaranta	100 cento
4 quattro	15 quindici	25 venticinque	41 qurantuno	101 centouno
5 cinque	16 sedici	26 ventisei	50 cinquanta	102 centodue
6 sei	17 diciassette	27 ventisette	51 cinquantuno	108 centootto
7 sette	18 diciotto	28 ventotto	52 cinquantadue	200 duecento
8 otto	19 diciannove	29 ventinove	53 cinquantatré	300 trecento
9 nove	20 venti.	30 trenta	60 sessanta	400 quattrocento
10 dieci				

서수(Numeri ordinali)			
1° primo	11° undicesimo	21° ventunesimo	40° quarantesimo
2° secondo	12° dodicesimo	22° ventiduesimo	50° cinquantesimo
3° terzo	13° tredicesimo	23° ventitreesimo	60° sessantesimo
4° quarto	14° quattordicesimo	24° ventiquattresimo	70° settantesimo
5° quinto	15° quindicesimo	25° venticinquesimo	80° ottantesimo
6° sesto	16° sedicesimo	26° ventiseiesimo	90° novantesimo
7° settimo	17° diciassettesimo	30° trentesimo	100° centesimo
8° ottavo	18° diciottesimo	31° trentunesimo	101° centunesimo
9° nono	19° diciannovesimo	32° trentaduesimo	102° centoduesimo
10° decimo	20° ventesimo	33° trentatreesimo	1000° millesimo

서수는 정관사와 같이 사용하며 반드시 명사의 성수에 따라 형태를 일치시킨다. 서수의 여성 단수 형태는 prima, seconda 등과 같이 표기하며, 아라비아 숫자로는 1ª, 2ª와 같이 표기한다. 11이상의 서수는 기수의 마지막 모음을 제거한 후, 남성 단수형 앞에는 -esimo, 여성 단수형 앞에는 -esima를 붙인다. 단, -tre, -sei로 끝나는 기수를 서수로 만들 경우는 23°과 26°처럼 마지막 모음(-e, -i)을 제거하지 않는다.

다양한 커피 음료

Cultura

제 7과에서 설명한 에스프레소 커피 외에 커피를 사용한 다양한 커피 음료가 있다. 카페 마끼아또(Caffè macchiato: 얼룩진 커피)는 에스프레소 커피에 거품을 낸 우유를 첨가하는데 이때 커피와 우유가 섞이면서 얼룩이 지기 때문에 붙여진 이름이다. Caffè Hag(카페 하그) 또는 Deca(데까)라고 불리는 커피는 카페인이 없는 커피를 뜻한다. Hag는 카페인 없는 커피를 생산하는 회사명이며, Deca는 Decaffeinato의 줄임말이다. 이 외에도 아침에 주로 마시는 Cappuccino, Caffellatte, Latte macchiato 등의 커피 음료가 있다.

Episodio 3

09 얼마입니까? 10 벼룩시장이 어디에 있는지 말씀해 주세요.
11 저는 4인용 테이블을 하나 예약하고 싶습니다.

민수, 벼룩시장에 가다.

Quanto costa? 얼마입니까?
꽌또   꼬스따?

지하철을 이용해 벼룩시장에 가려는 민수, 신문 판매소에서 지하철 티켓을 구입한다.

🎧 Dialogo

Minsu : Un biglietto, per favore.
운 빌리에또, 뻬르 파보레.

Giornalaio : Eccolo.
에꼴로.

Minsu : Grazie! Quanto costa?
그라찌에! 꽌또 꼬스따?

Giornalaio : 1 euro e 20.
운 에우로 에 벤띠.

Minsu : Scusi una domanda.
스꾸지 우나 도만다.

Dove devo scendere per andare al mercato delle pulci?
도베 데보 쉔데레 뻬르 안다레 알 메르까또 델레 뿔치?

Giornalaio : Deve scendere alla stazione Piramide.
데베 쉔데레 알라 스따찌오네 삐라미데.

Poi deve attraversare il Ponte Sublicio a piedi o prendere l'autobus.
뽀이 데베 아뜨라베르사레 일 뽄떼 수블리치오 아 삐에디 오 쁘렌데레 라우또부스.

⊙ Vocabolario

un biglietto 표, 티켓.
giornalaio 신문 판매상.
eccolo 여기 있습니다(→ p. 189).
quanto costa? 얼마입니까? quanto: 얼마.
  costa: 가격이 나가다(*inf.* costare).
Scusi 실례합니다.
una domanda 질문.
dove 어디.
devo (나는) ~을/를 해야만 한다.(*inf.* dovere → p. 52).
scendere 내리다, 하차하다.
per andare 가기 위해서.

al mercato delle pulci 벼룩시장에. al: a+il 전치
  사관사. a: ~곳에.
deve scendere (당신은) 내려야 한다. deve: (당신
  은) ~을/를 해야만 한다.(*inf.* dovere → p. 52).
alla stazione Piramide 피라미데 역에. alla
  stazione: 역에. alla: a+la 전치사관사. a: ~곳에.
  la stazione: 역(驛).
attraversare ~을/를 통과하다.
il Ponte Sublicio 수블리치오 다리.
a piedi 걸어서. o: 혹은.
prendere ~을/를 타다. l'autobus: 버스

민수 : 표 한 장 주세요.
신문 판매상 : 여기 있습니다.
민수 : 감사합니다. 얼마죠?
신문 판매상 : 1유로 20입니다.
민수 : 실례합니다만, 한 가지 여쭙겠습니다.
　　　　벼룩시장에 가려면 어디서 내려야 하죠?
신문 판매상 : 피라미데 역에서 내려야만 합니다.
　　　　그러고 나서 수블리치오 다리를 걷거나 버스를 타고 통과해야 해요.

○•Espressione

Quanto costa? 얼마입니까?

가격을 물어볼 때 사용하는 대표적인 표현이다. 이 표현 이외에 "Quanto è?", "Quanto viene?", "Quanto dovrei(devo) pagare?"와 같은 표현도 자주 사용된다(*viene: inf. venire → p. 116). / pagare: 돈을 지불하다).

Scusi, una domanda 실례합니다만, 한 가지 여쭙겠습니다.

이 표현은 상대방에게 격식을 갖추어 질문할 때 사용하는 간단한 표현이다. 다르게 표현하면 "Scusi, potrei(posso) fare una domanda?(실례합니다만, 한 가지 여쭤도 될까요?)", "Scusi, potrei(posso) fare qualche domanda?(실례합니다만, 몇 가지 여쭤도 될까요?)"이다. 허물없이 잘 아는 사이에는 Scusi 대신에 Scusa를 사용한다.

Dove devo scendere per andare al mercato delle pulci?
벼룩시장에 가려면 어디서 내려야 하죠?

어느 장소를 문의할 때 사용하는 의문 부사가 dove이다. Dove를 사용해서 다양한 장소를 문의할 수 있다.

Dove dovrei(devo) comprare il biglietto?
어디서 표를 사야 하죠? (comprare: ~을/를 구입하다)

Dove dovrei(devo) parcheggiare la macchina?
어디에 자동차를 주차할 수 있죠? (parcheggiare: 주차를 하다)

Grammatica

✏️ Potere 동사의 직설법 현재 형태와 조건법 현재 형태.

동사 potere는 '~을/를 할 수 있다'라는 의미를 지니고 있는 조동사이다. 조동사이므로 동사원형과 같이 사용되며, 형태가 불규칙적으로 변한다. 주로 '능력'을 나타내거나, '허락'을 구할 때 사용된다.

〈직설법 현재 형태〉

(io) posso	(noi) possiamo
(tu) puoi	(voi) potete
(lui/lei/Lei) può	(loro) possono

Che cosa posso fare per te? 내가 너를 위해 무엇을 할 수 있지?

〈조건법 현재 형태〉

(io) potrei	(noi) potremmo
(tu) potresti	(voi) potreste
(lui/lei/Lei) potrebbe	(loro) potrebbero

Signori, potreste salire sul treno? 선생님들, 기차에 오르시겠어요?

✏️ Dovere 동사의 직설법 현재 형태와 조건법 현재 형태.

동사 dovere는 '~을/를 해야만 한다'라는 의미를 지니고 있는 조동사이다. 조동사이므로 동사원형과 같이 사용되며, 형태가 불규칙적으로 변한다. 주로 '의무'를 나타낼 때 사용된다.

〈직설법 현재 형태〉

(io) devo	(noi) dobbiamo
(tu) devi	(voi) dovete
(lui/lei/Lei) deve	(loro) devono

Signora, deve prendere l'autobus numero 10. 부인, 당신은 10번 버스를 타셔야만 합니다.

〈조건법 현재 형태〉

(io) dovrei	(noi) dovremmo
(tu) dovresti	(voi) dovreste
(lui/lei/Lei) dovrebbe	(loro) dovrebbero

Dovresti ritornare a casa presto. 너는 즉시 집에 돌아가야 한다.

Cultura

이탈리아 지하철

이탈리아 도시 중에서 지하철이 있는 곳은 로마와 밀라노, 단 두 곳뿐이다. 이탈리아 지하철은 우리나라 지하철처럼 깨끗하지도, 조용하지도, 밝지도 않다. 로마의 지하철 노선은 2개, 밀라노 지하철은 3개이며, 정류장 간격 또한 매우 짧다. 로마의 경우는 유적의 훼손 방지를 위해 지하철을 타기 위해서는 지상으로부터 최소한 100미터는 내려가야 한다. 지하철은 버스와 연계되어 운영되므로 정해진 시간 안에서 표 한 장으로 버스와 지하철을 탈 수 있다. 10장씩 묶여 있는 표는 까르네(Carnet), 하루 종일 24시간 동안 마음대로 지하철과 버스를 이용할 수 있는 표는 biglietto giornaliero라고 한다.

Mi sa dire dov'è il mercato delle pulci?
미 사 디레 도베 일 메르까또 델레 뿔치?

벼룩시장이 어디에 있는지 말씀해 주세요.

 지하철에서 내린 후 벼룩시장에 가는 길을 어느 부인에게 물어보는 민수

 Dialogo

Minsu : Scusi signora, mi sa dire dov'è il mercato delle pulci?
스꾸지 시뇨라, 미 사 디레 도베 일 메르까또 델레 뿔치?

Una signora : Vede quella via in fondo?
베데 꽬라 비아 인 폰도?

Minsu : Sì, la vedo.
시, 라 베도.

Una signora : Quando arriva là, volti a destra e poi prenda la prima via a sinistra.
꽌도 아리바 라, 볼띠 아 데스뜨라 에 뽀이 쁘렌다 라 쁘리마 비아 아 시니스뜨라.

Il mercato delle pulci è lì.
일 메르까또 델레 뿔치 에 리.

Minsu : Grazie mille! Lei è molto gentile.
그라찌에 밀레! 레이 에 몰또 젠띨레.

Una signora : Si figuri! Buona giornata!
시 피구리! 부오나 조르나따!

◉ Vocabolario

mi 내게. 간접목적인칭대명사 약형 1인칭 단수 형태(→ p. 80).
sa dire (당신은) ~을/를 말해주다. sa: *inf.* sapere → p. 144). dire: ~을/를 말하다.
dov'è ~? 어디에 ~이 있습니까? dove è의 축약형.
vede (당신은) ~을/를 본다(*inf.* vedere→ p. 172).
quella via 저 길. quella: 저. 이곳에서는 뒤에 위치한 명사 via를 수식하는 지시형용사(→ p. 38).
in fondo 끝에. in: ~곳에. fondo: 끝, 안.
la 그것을. 앞에 위치한 명사를 대신하는 직접목적대명사 약형(→ p. 176).
vedo (나는) ~을/를 보다(*inf.* vedere→ p. 172).
quando ~할 때.

arriva (당신이) 도착하다(*inf.* arrivare→ p. 172).
là = lì. 저기, 그곳. (악센트에 주의).
volti (당신은) 회전하시오(*inf.* voltare). 격식적 명령 형태(→ p. 206).
a destra 오른쪽으로. a: ~곳으로. destra: 오른쪽.
prenda (당신은) 잡으세요, 택하세요(*inf.* prendere). 격식적 명령 형태.
la prima via 첫 번째 길. la: 정관사(→ p. 130). prima: 첫 번째의(→ p. 46).
a sinistra 왼쪽에. a: ~곳에. sinistra: 왼쪽.
Si figuri! = Prego! = Non c'è di che! 천만에요!
Buona giornata! 즐거운 하루 보내세요! Buona 좋은, 즐거운. giornata 하루.

민수 : 실례합니다, 부인. 벼룩시장이 어디에 있는지 말씀해 주세요?
어느 부인 : 저기 끝에 있는 길이 보이나요?
민수 : 예, 그 길이 보입니다.
어느 부인 : 저기에 도착했을 때, 오른 쪽으로 돌은 다음에 왼쪽 첫 번째 길을 택하세요. 벼룩시장은 그곳에 있어요.
민수 : 대단히 감사합니다. 당신은 매우 친절하시군요.
어느 부인 : 천만에요. 즐거운 하루 보내세요.

Espressione

Mi sa dire dov'è il mercato delle pulci? 벼룩시장이 어디에 있는지 말씀해 주시겠어요?

상대방에게 격식적으로 '내게 ~을/를 알려 주십시요'라는 표현은 'Mi sa dire ~' 혹은 'Mi faccia sapere ~' 혹은 'Potrebbe dirmi ~' 등을 사용한다.

Potrebbe dirmi dov'è il supermercato? 슈퍼마켓이 어디에 있는지 알려주시겠어요?

Volti a destra. 오른 쪽으로 도세요.

길을 알려줄 때 사용하는 격식적 명령 표현으로, 접속법 현재 동사를 사용한다. Lei(당신)에 대한 '**격식적 명령**(→ p. 204)'은 긍정적 명령 및 부정적 명령 형태 모두 '**접속법 현재**' 3인칭 단수 형태를 사용한다(→ p. 88). 명령 표현에는 보통 영어의 please에 해당하는 'per favore, per piacere, per cortesia' 등의 표현을 문장의 맨 앞 혹은 맨 뒤에 사용한다. '부정 명령 형태'는 동사 앞에 "Non"을 첨가한다. 상기한 표현들 외에 일상에서 자주 사용되는 격식 명령 형태는 다음과 같다.

Signor Paolo, **venga** qua, per cortesia! 빠올로씨, 이리 오십시오!
Signora Anna, Mi **dia** una penna, per piacere! 안나 부인, 제게 펜을 주십시오!
Per favore, signorina Carla, non **dica** quelle parole! 까를라양, 그런 말씀 마세요.
(*venga: *inf.*→ venire / dia: *inf.*→ dare / dica: *inf.*→ dire)

＊상대방에 대한 공손한 요구 또는 명령은 위와 같은 형태 이외에도 Lei(당신)에 대해서는 "**La prego di + 동사원형**"의 형태를 사용할 수 있다. 서로 잘 아는 사이에는 "Ti prego di + 동사원형"의 형태를 사용한다.

Signorina Anna, **La prego di non** prendere questo caffè!
안나양, 이 커피를 드시지 마세요!

◦• Grammatica

🖌 부정 관사

부정 관사는 일반적으로 '정해지지 않은' 막연한 사물을 지시할 때 사용한다. 부정 관사의 종류에는 남성 단수에 사용되는 un과 uno, 그리고 여성 단수에 사용되는 una(un')가 있다.

1. 남성 단수 명사용 부정 관사: un / uno

un: uno를 사용하는 경우를 제외하고 '모음' 또는 '자음'으로 시작되는 '남성 단수' 명사 및 형용사 앞에 사용한다.
예: **un** amico 남자 친구, **un** fiore 꽃, **un** libro 책, **un** tavolo 테이블

uno: '남성 단수' 명사 또는 형용사로서 s+자음, z, gn, pn, ps, x로 시작되는 단어 앞에 사용한다.
예: **uno** specchio 거울, **uno** zio 삼촌, **uno** gnomo 난장이, **uno** xilofono 실로폰.

2. 여성 단수 명사용 부정 관사: una(un')

una(un'): 여성 단수 명사 또는 형용사 앞에 사용한다. 여성 단수 명사 또는 형용사가 모음으로 시작할 경우에는 una의 마지막 모음 a를 생략해서 축약형(un')을 사용한다.
예: **una** penna 펜, **una** matita 연필, **un'**amica 여자 친구, **un'**uva 포도.

부정 관사는 막연한 사물을 지시하는 경우 이외에도 다음과 같은 경우에 사용된다.
1) 처음 소개되는 사람 또는 사물에 사용한다.
C'era una volta, **un** re e una regina...
옛날 옛날에 한 왕과 왕비가 있었는데...
* c'era: ~이 있었다. era: 동사 essere의 직설법 반과거 형태.

2). 부정 관사 + 인명: '~의 작품' 또는 '~같은 사람'을 의미할 때 사용한다.
Guardo **un** Raffaello.
나는 라파엘로의 작품을 본다.

Sei **un** Luciano Pavarotti.
너는 루치아노 파바롯티처럼 노래를 잘한다.

Sei una Maria Callas.
너는 마리아 칼라스처럼 노래를 잘한다.

3). 부정 관사 + 회사명: '~의 제품'을 의미할 때 사용한다.
Compro **una** Mercedes. 나는 메르체데스 자동차를 구입한다.

이탈리아 벼룩시장

Cultura

로마의 벼룩시장은 트라스 테베레(Tras Tevere) 지역의 Porta Portese 성곽 안에서 매주 일요일 아침 일찍부터 오후 2시경까지 열린다. 피렌체의 벼룩시장은 산타크로체(Santa Croce) 지역의 Ciompi 광장에서 매일 아침 9시부터 오후 늦게까지 열린다. 로마 벼룩시장의 경우는 일상생활에 필요한 잡화들이 주를 이루며, 피렌체 벼룩시장의 경우는 골동품과 수공품, 고가구 등이 대부분을 차지한다

Vorrei prenotare un tavolo per 4 persone.
보레이 쁘레노따레 운 따볼로 뻬르 꽈뜨로 뻬르소네.
저는 4인용 테이블을 하나 예약하고 싶습니다.

민수는 마리아 가족과 식사를 하기 위해 호텔의 안내 데스크에 맛좋은 식당을 문의해 연락처를 받은 후 전화로 식당을 예약한다.

🎧 Dialogo

Cameriera: Pronto! Ristorante 'Bellavista'.
쁘론또! 리스또란떼 '벨라비스따'.

Minsu: Pronto! Vorrei prenotare un tavolo per 4 persone.
쁘론또! 보레이 쁘레노따레 운 따볼로 뻬르 꽈뜨로 뻬르소네.

Cameriera: Per quando?
뻬르 꽌도?

Minsu: Per domani sera.
뻬르 도마니 세라.

Cameriera: A che ora?
아 께 오라!

Minsu: Alle 8 e mezza.
알레 오또 에 멧자.

Cameriera: O.K. Tutto a posto! ArrivederLa a domani!
오케이. 뚜또 아 뽀스또! 아리베데를라 아 도마니!

◉ Vocabolario

cameriera 여 종업원.
Pronto! (전화상에서) 여보세요!
vorrei (나는) ~을/를 하고 싶다(inf. volere → p. 42)
prenotare ~을/를 예약하다.
persone 사람들. 단수 형태는 persona.
quando 때
domani 내일.
sera 저녁.
a che ora? 몇 시에? a: ~때에. che: 무엇의. 뒤에 위치한 명사 ora를 수식하는 의문형용사(→ p. 148).
ora: 시간.

alle 8 e mezza 8시 30분에. alle: a+le 전치사관사(→ p. 24). a: ~때에. le: 여성 복수 명사 또는 여성 복수 형용사 앞에 사용되는 정관사(→ p. 130).
mezza 절반의. 30분의.
Tutto a posto! 다 되었습니다 tutto: 모든 것. a posto: 제 위치에 있는. 자리를 잡은.
ArrivederLa 다시 뵙겠습니다. Arrivedere+La의 결합 형태. Arrivedere: ~을/를 다시 만나다. La: 당신을. 직접목적인칭대명사 약형 3인칭 단수 형태 (→ p. 154).
a domani 내일에. a: ~때에

여 종업원 : 여보세요! '벨라비스따' 레스토랑입니다.

민수 : 여보세요. 저는 4인용 테이블을 하나 예약하고 싶습니다.

여 종업원 : 언제요?

민수 : 내일 저녁에요.

여 종업원 : 몇 시에요?

민수 : 8시 30분요.

여 종업원 : 좋습니다. 다 되었습니다. 내일 뵙겠습니다.

Espressione

Pronto! 여보세요!

전화를 받으며 사용하는 표현이다. 지나가는 사람을 "여보세요!"하고 부를 때는 "Scusi!"라고 한다. 전화상에서 사용하는 주요 표현은 다음과 같다.

Vorrei parlare con Carlo. 까를로와 통화하고 싶습니다.
Con chi parlo? 누구세요?
Sono Massimo(= Qui è Massimo). 저는 맛시모입니다.
Un momento, per favore. 잠깐만 기다리세요.
La linea è occupata. 통화 중이다.
La chiamo più tardi. 나중에 전화하겠습니다.
Ha sbagliato numero. 전화 잘못 거셨습니다.

Vorrei prenotare ~: ~을/를 예약하고 싶습니다.

식당을 예약한다던가, 방을 예약할 때 사용하는 표현이다.

Vorrei prenotare un tavolo per 2 persone vicino alla finestra.
저는 창가에 두 사람을 위한 테이블 하나를 예약하고 싶습니다.
Vorrei prenotare una camera singola con bagno.
저는 화장실이 있는 싱글룸을 하나 예약하고 싶습니다.

A che ora? 몇 시에요?

몇 시에 올 것인지, 몇 시에 떠나는지, 몇 시에 약속이 정할 것인지 등을 질문할 때 사용하는 표현이다. Per che ora?도 동일한 표현이다.
A che ora ci vediamo? 우리 몇 시에 만날까?

Grammatica

📝 전치사 1: per, a

대화문에서 사용된 전치사 중에서 per, a에 대해 살펴보자. 전치사는 명사, 대명사 또는 동사원형 '앞에 놓이기 때문에' 전치사라고 한다. 각각의 전치사는 문맥에 따라 여러 개의 의미를 지니고 있으므로, 문맥에 맞도록 전치사를 해석하고 사용해야 한다.

Per

① '장소'를 나타낸다.
Quando parti **per** Roma? 너는 언제 로마로 출발하니?

② '시간'을 나타낸다.
Per che ora? 몇시에?

③ '목적'을 나타낸다.
Studio l'italiano per andare a Roma.
나는 로마에 가기위해 이탈리아어를 공부한다.

④ '이유/원인'을 나타낸다.
Tremo **per** il freddo. 나는 추워서 떤다.

⑤ '수단'을 나타낸다.
Vorrei spedire questa cartolina **per** posta.
나는 이 엽서를 우편으로 보내고 싶다.

A

① '장소'를 나타낸다.
Andiamo **a** Roma. 우리는 로마에 간다.

② '시간'을 나타낸다.
Ci vediamo alle 2! 우리 두 시에 만나자!

③ '대상'을 나타낸다.
Regalo un libro **a** Carla. 나는 까를라에게 책을 선물한다.

④ '목적'을 나타낸다.
Vado a caccia. 나는 사냥하러 간다.

⑤ '수단'을 나타낸다.
Vado al Colosseo **a** piedi. 나는 걸어서 콜로세움에 간다.

Cultura

식사 예절

식사 시간은 이탈리아인들의 가장 중요한 때이다. 식당에서 식사를 하게 될 경우에 지켜야 하는 매너에는 여러 가지가 있지만 이곳에서는 몇 가지만 알아보자. 먼저, 식당에 가게 될 경우에는 반드시 예약을 하는 것이 좋다. 점심식사는 일반적으로 12시 30분경에, 저녁식사는 8시~8시 30분경으로 예약을 한다. 식당에 들어서면 빈자리가 있다고 무조건 가서 앉지 말고 웨이터가 올 때까지 기다린다. 예약을 했을 경우에는 미리 마련한 좌석을, 예약을 하지 않은 경우는 빈자리로 안내할 것이다. 식사를 할 때는 이런 저런 이야기를 하면서 식사를 하는 것이 좋다. 아무 말도 하지 않고 식사만 하는 것도 예의에 어긋난다. 가정집에 식사 초대를 받았을 때도 마찬 가지지만, 음식을 먹어보고 맛이 있든 없든 'Molto buono!(아주 맛있습니다)' 라는 칭찬을 해주자. 칭찬은 고래도 춤추게 한다.

Episodio 4

12 내 가족을 소개할게. 13 메뉴 가져다주십시오. 14 디저트로 무엇을 드시겠습니까?

민수, 마리아 가족과 저녁 식사를 하다.

Ti presento la mia famiglia. 내 가족을 소개할게.
띠 브레젠또   라 미아 파밀리아.

 민수, 다음 날 저녁 미리 예약을 해 놓은 Bellavista 식당에서 마리아의 가족을 만난다.

 Dialogo

Minsu : Ciao Maria!
쨔오 마리아!

Maria : Ciao Minsu! Ti presento la mia famiglia.
쨔오 민수! 띠 쁘레젠또 라 미아 파밀리아.

Questo è mio padre, questa è mia madre.
꿰스또 에 미오 빠드레, 꿰스따 에 미아 마드레.

Padre di Maria : Tanto piacere! Sono il signor Rossi. Benvenuto a Roma!
딴또 삐아체레! 소노 일 시뇨르 롯시. 벤베누또 아 로마!

Madre di Maria : Molto lieta! Abbiamo sentito parlare molto di te da Maria.
몰또 리에따! 아비아모 센띠또 빠를라레 몰또 디 떼 다 마리아.

Minsu : Anch'io sono proprio contento di conoscervi!
앙끼오 소노 쁘로쁘리오 꼰뗀또 디 꼬노쉐르비!

Siete una bellissima famiglia!
시에떼 우나 벨리시마 파밀리아!

◉ Vocabolario

ti 네게. 간접목적인칭대명사 약형 2인칭 단수 형태(→ p. 80).
presento (나는) ~을/를 소개한다(*inf.* presentare → p. 112).
la mia famiglia 내 가족. la: 정관사. mia: 나의. 명사 famiglia를 수식하는 소유형용사(→ p. 66).
padre: 아버지. / **madre:** 어머니.
benvenuto 환영하는.
abbiamo sentito (우리는) ~을/를 들었다. 직설법 근과거 형태(→ p. 108). sentito: 동사 sentire(~을/를 듣다)의 과거분사 형태.

parlare 말을 하다.
di te 너에 대해서. di: ~대해서. da Maria: 마리아로부터. da: ~로 부터.
siete (당신들은) ~이다(*inf.* essere → p. 16).
proprio 정말로. **contento:** 기쁜, 만족스런.
conoscervi 당신들을 알다. conoscere+vi의 결합 형태. conoscere: ~을/를 알다. vi: 당신들을, 너희들을(→ p. 154).
bellissima 매우 아름다운. 형용사 bella의 절대적 최상급 형태(→ p. 214).

민수, 마리아 가족과 저녁 식사를 하다.

민수 : 안녕, 마리아!
마리아 : 안녕, 민수! 내 가족을 소개할게.
　　　　이분은 내 아버지고, 저분은 내 어머니야.
마리아 아버지 : 매우 반가워요! 저는 롯시입니다.
　　　　　　　로마에 온 것을 환영합니다.
마리아 어머니 : 매우 반가워요! 마리아로부터 얘기 많이 들었어요.
민수 : 저도 당신들을 만나서 정말로 기쁩니다. 아주 멋있는 가족이군요!

⊙ Espressione

✓ Questo è mio padre. 이분은 내 아버지이다.

이미 학습한 표현이지만, 이번에는 가족을 소개해보기로 한다. 중요한 점은 소개되는 사람의 성수에 지시대명사와 소유형용사가 모두 일치해야 한다는 것이다.

Questo è mio marito (nonno, zio, fratello). 이 분은 내 남편(할아버지, 삼촌, 형)이다.
Questi sono i miei fratelli. 이쪽은 내 형들이다.(* fratello: 형, 남동생, 오빠).
Questa è mia moglie(nonna, zia, sorella). 이 분은 내 아내(할머니, 숙모, 누나)이다.
Queste sono le mie sorelle. 이쪽은 내 누나들이다.(* sorella: 누나, 여동생, 언니).

✓ Benvenuto a Roma! 로마에 온 것을 환영합니다.

방문한 사람의 성수에 따라 상대방이 '남성 단수'일 때는 "Benvenut**o**!", '여성 단수'일 때는 "Benvenut**a**!", '남성 복수'일 때는 "Benvenut**i**!", 여성 복수일 때는 "Benvenut**e**!"라고 해야 한다.

✓ Abbiamo sentito parlare molto di te. 우리는 너에 대해서 많이 들었다.

어떤 사람, 사물, 사건 등에 대해 이야기를 이미 많이 들었을 때 사용하는 표현이다. 주어가 1인칭 단수인 '나'일 경우로 표현하면 "Ho sentito parlare molto di te(di Lei 당신에 대해서 /di lui 그 남자에 대해서 /di lei 그녀에 대해서 /di loro 그들에 대해서)"이다.

✓ Anche io sono proprio contento di conoscervi! 저도 당신들을 만나서 정말로 기쁩니다.

처음 만났을 때 남성 단수가 사용하는 표현으로 이미 학습한 표현보다 좀 더 길다. 이는 다음 표현으로 대신할 수 있다. 단, 말하는 사람(화자)의 성수에 따라 형용사의 사용에 주의를 기울여야 한다.
(화자가 **여성 단수**일 때) Anch'io **sono** molto liet**a** di far la Sua conoscenza!

● Grammatica

✎ 소유형용사

'소유형용사'는 소유를 나타내는 역할을 하는 형용사이다. 다른 모든 형용사와 마찬가지로 명사를 수식하므로 반드시 명사의 성수와 일치해야 하며, 일반적으로 정관사(→ p. 130) 또는 부정관사(→ p. 56)와 같이 사용한다. 3인칭 복수 형태인 loro(그들의)의 경우는 형태가 변화하지 않는다.

1) 소유형용사의 형태

인칭	남성 단수	남성 복수	여성 단수	여성 복수
1인칭 단수(나의)	mio	miei	mia	mie
2인칭 단수(너의)	tuo	tuoi	tua	tue
3인칭 단수(그의, 그녀의)	suo	suoi	sua	sue
격식체(Lei 당신의)	Suo	Suoi	Sua	Sue
1인칭 복수(우리들의)	nostro	nostri	nostra	nostre
2인칭 복수(너희들의, 당신들의)	vostro	vostri	vostra	vostre
3인칭 복수(그들의)	loro	loro	loro	loro

2) '소유형용사'를 사용할 때 주의해야 할 사항.

a) '소유형용사'는 소유주의 성수와 관계없이 명사(소유물)의 성수와 일치해야 한다.

il mio libro 내 책 → (복수형) i miei libri. 명사 libro가 남성 단수이므로 mio.

la mia penna 내 펜 → (복수형) le mie penne. 명사 penna가 여성 단수이므로 mia.

그러므로 suo(a)는 문맥에 따라 '그 남자(여자)의'라고 해석해야 한다.

il suo libro 그 남자의(그 여자의) 책 → (복수형) i suoi libri

la sua penna 그 남자의(그 여자의) 펜 → (복수형) le sue penne

b) 가족, 친지가 '단수'로 사용되었을 경우, 소유형용사 앞에 관사를 사용하지 않는다. 그러나 가족, 친지가 '복수'로 사용되었을 경우에는 소유형용사 앞에 반드시 정관사를 사용한다.

mio padre 내 아버지 / mia madre 내 어머니 / tuo marito 네 남편

tua moglie 네 아내 / mio fratello 내 형 / mia sorella 내 누나

mio fratello 내 형(남동생) → 복수형 : i miei fratelli 내 형(남동생)들

mia sorella 네 누나(여동생) → 복수형 : le mie sorelle 내 누나(여동생)들

*가족, 친지가 단수로 사용되었을지라도 애칭으로 사용하였을 경우, 소유형용사와 같이 사용할 때는 반드시 정관사를 사용해야 한다. 또한 가족, 친지가 단수로 사용되었을지라도 소유형용사 loro 앞에는 항상 정관사를 사용한다.

il mio babbo 내 아빠 / la mia mamma 내 엄마

il loro padre 그들의 아버지 / la loro madre 그들의 어머니

Cultura

영화 속 명소 (1) 로마의 휴일

영원의 도시 로마는 우리에게 오드리 헵번이 출연한 '로마의 휴일'을 통해 매우 친숙한 도시가 되었다. 오드리 헵번이 스쿠터를 타고 누볐던 로마의 거리는 그 당시나 지금이나 변한 것이 전혀 없는 것 같다. 수많은 성당들, 트레비 분수, 스페인 계단, 콜로세움, 포로 로마노, 바티칸 등 과거로의 여행을 안내하는 곳, 그 곳이 바로 로마이다.

▼ 오드리헵번이 낮잠을 잤던 벤치 자리엔 쓰레기통이 덩그러니 남아있다.

Il menu, per favore! 메뉴 가져다주십시오.
일 메뉴   뻬르 파보레

가족 소개가 끝난 후 저녁 식사를 주문하기 위해 웨이터를 부르는 민수.

🎧 Dialogo

Minsu : Scusi! Il menu, per favore!
스꾸지! 일 메뉴   뻬르 파보레!

Cameriera: Arrivo subito!... Da bere?
아리보 수비또!... 다 베레?

Minsu: Signor Rossi, preferisce il vino o la birra?
시뇨르 롯시, 쁘레페리쉐 일 비노 오 라 비라?

Signor Rossi: Preferisco il vino rosso.
쁘레페리스꼬 일 비노 롯소.

Cameriera: Per primo che cosa prendete?
뻬르 쁘리모 께 꼬자 쁘렌데떼?

Minsu: Due penne al pomodoro e due spaghetti ai frutti di mare.
두에 뻰네 알 뽀모도로 에 두에 스빠게띠 아이 프루띠 디 마레.

Cameriera: E per secondo?
에 뻬르 세꼰도?

Minsu: 4 porzioni di grigliata di carne mista, per favore.
꽈뜨로 뽀르찌오니 디 그릴리아따 디 까르네 미스따, 뻬르 파보레.

ⓘ Vocabolario

arrivo (나는) 도착한다(*inf.* arrivare → p. 172).
subito 즉시.
da bere 마실 것. bere: ~을/를 마시다.
preferisce (당신은) ~을/를 더 좋아하다(선호하다.
  inf. preferire → p. 144).
vino 포도주. 적포도주: vino rosso. 백포도주: vino bianco.
o 또는, 혹은. / birra 맥주.
preferisco (나는) ~을/를 더 좋아한다(선호한다. *inf.* preferire → p. 144).
per primo 제일 먼저.
che cosa 무엇. 의문대명사.

prendete (당신들은, 너희들은) ~을/를 먹다, 마시다
  (*inf.* prendere → p. 42).
due penne al pomodoro 토마토 소스가 들어간 뻰네 2개. pomodoro: 토마토.
due spaghetti ai frutti di mare 해산물 스파겟티 2개. i frutti di mare: 해산물.
per secondo second dish로, 두 번째로.
4 porzioni 4인분.
di grigliata di carne mista 모듬 고기 구이의. grigliata: 구이.
carne 고기. / mista 모듬의.

민수, 마리아 가족과 저녁 식사를 하다.

민수 : 여보세요! 메뉴 가져다주십시오.
여자 종업원 : 곧 가겠습니다. 마실 것은요?
민수 : 롯시씨, 포도주를 더 좋아 하세요 아니면 맥주를 더 좋아하세요?
롯시씨 : 나는 적포도주를 더 좋아해요.
여자 종업원 : First dish는 무엇을 드시겠어요?
민수 : 토마토 소스가 들어간 뻰네 2개와 해산물 스파겟티 2개요.
여자 종업원 : 그럼, 메인 요리는요?
민수 : 고기 모듬 구이 4인분 주세요.

⊙• Espressione

🖋 Preferisce il vino o la birra? 포도주를 더 좋아 하세요 아니면 맥주를 더 좋아하세요?

상대방에게 격식을 갖추어 두 세 가지 중에 어떤 것을 선택할지 질문하는 표현으로 "preferisce A o B?"의 형태를 지닌다. 동사 preferire는 다른 것보다 어떤 것을 선호할 때 사용한다. 또는 다음과 같이 quale(어느 것)를 사용할 수 도 있다. 서로 잘 아는 사이에는 preferisce 대신 preferisci를 사용한다.
Quale preferisce, carne o pesce?
당신은 고기 또는 생선 중에 어느 것을 더 좋아하십니까?
Quale preferisci, vino rosso o vino bianco?
너는 적포도주 또는 백포도주 중에 어느 것을 더 좋아하니?

🖋 Per primo ~: 일차요리로는 ~ / Per secondo ~: 메인 요리로는 ~.

음식을 주문할 때 또는 종업원이 음식을 주문 받을 때 사용하는 표현이다.

Per primo, gli spaghetti all'aglio e olio. 일차요리로는 마늘과 올리브유가 들어간 스파게티(를 먹고 싶습니다).
Per primo, vorrei prendere i ravioli agli spinaci.
일차요리로는 시금치가 들어간 라비올리를 먹고 싶습니다.
Per secondo, bollito misto. 메인 요리로는 삶은 고기 모듬(을 먹고 싶습니다).
Per secondo, vorrei provare una fiorentina.
　　메인 요리로는 티본스테이크를 시식해보고 싶습니다.

◎·Grammatica

품질형용사

'품질형용사'는 명사를 수식하여 명사의 품질, 성질, 형태, 상태, 특징 등을 나타내는 품사이다. 품질형용사는 명사의 '앞' 또는 '뒤'에 위치하여 명사를 수식할 수 있는데, 명사 뒤에 위치하는 경우가 대부분이다. 품질형용사는 다른 형용사들과 마찬가지로 **명사의 성수와 항상 일치해야** 한다.

〈품질형용사의 형태〉
이탈리아어 형용사의 형태는 bravo(훌륭한)처럼 기본형이 -o로 끝나는 형용사와, facile(쉬운)처럼 기본형이 -e로 끝나는 형용사가 있다.

단수	→	복수
ragazzo bravo	→	ragazzi bravi
ragazza brava	→	ragazze brave
lavoro facile	→	lavori facili
lezione facile	→	lezioni facili

〈품질형용사의 위치〉
대부분의 품질형용사는 명사의 '앞' 또는 '뒤'에 위치할 수 있다. 하지만 품질형용사 중에서 색깔, 국적, 종교를 나타내는 형용사는 반드시 명사 뒤에 위치한다.

gli occhi **neri** : 검은 눈
la lingua **italiana** : 이탈리아어
la chiesa **cattolica** : 가톨릭 성당

* 일상생활에서 많이 사용되는 품질형용사 'buono'(좋은, 착한, 맛있는)와 'bello'(멋있는, 아름다운)는 일반적으로 명사의 '앞'에 위치하며, 수식하는 명사의 성수와 반드시 성수가 일치해야 하며 다양한 형태를 갖는다.

1. Buono의 경우는 부정관사(→ p. 56) 규칙을 따른다. 하지만 남성 단수 명사 뒤에서는 항상 buono, 여성 단수 명사 뒤에서는 buona의 형태를 취한다.
   buon amico = amico buono / buono spazio = spazio buono
   buona sera = sera buona / buon'amica = amica buona

2. Bello의 경우는 정관사(→ p. 130) 규칙을 따른다. 하지만 남성 단수 명사 뒤에서는 항상 bello, 여성 단수 명사 뒤에서는 bella의 형태를 취한다.
   bel tempo = tempo bello / bello scherzo = scherzo bello
   bella donna = donna bella / bell'italiana = italiana bella

Cultura

이탈리아인들의 식사

이탈리아인들은 커피 혹은 카푸치노 한 잔에 비스킷 몇 개 혹은 브리오쉬 한 개로 아침 식사를 끝낸다. 점심 식사의 경우는 간단한 파스타 요리를 주로 먹으며, 도시의 셀러리맨들은 피자와 맥주 한 잔으로 점심을 해결하는 경우가 대부분이다. 이탈리아인들에게 있어서 가장 중요한 식사는 저녁식사라고 할 수 있다. 가족들이 모두 함께 식사를 할 수 있는 시간이며, 음식 또한 푸짐하다. 이탈리아인들은 주말의 경우에 온 가족이 친지 혹은 친구들과 함께 어울려서 집에서 혹은 식당에서 식사하는 것을 매우 즐긴다. 주말에 식당에 가보면 이탈리아인들의 삶의 방식을 직접 피부로 느낄 수 있다.

Che cosa volete come dessert?
께 꼬자 볼레떼 꼬메 데세르뜨?
디저트로 무엇을 드시겠습니까?

메인 요리까지 식사가 끝나자, 웨이터가 와서 식사가 괜찮았는지 물어본 후에 디저트를 주문받는다.

 Dialogo

Cameriera: Che cosa volete come dessert?
께 꼬자 볼레떼 꼬메 데세르뜨?

Abbiamo tiramisù, torta di mele, gelato e frutta fresca....
아비아모 띠라미수, 또르따 디 멜레, 젤라또 에 프루따 프레스까....

Minsu: Prenderei un tiramisù.
쁘렌데레이 운 띠라미수.

Signor Rossi: Io invece, prendo un caffè.
이오 인베체, 쁘렌도 운 까페.

Maria: Per me un gelato e per mamma torta di mele.
뻬르 메 운 젤라또 에 뻬르 맘마 또르따 디 멜레.

Cameriera: Va bene! Torno subito!
바 베네! 또르노 수비또!

Minsu: Grazie!
그라찌에!

◉ Vocabolario

Che cosa 무엇.
volete (당신들은, 너희들은) ~을/를 원한다.(*inf.* volere → p. 42).
come ~로써.
dessert 디저트.
abbiamo (우리는) ~을/를 가지고 있다(*inf.* avere → p. 182).
tiramisù 티라미수.
torta di mele 사과 케이크. torta: 케이크. di: ~으로 만든. mele: 사과.
gelato 아이스크림.
frutta fresca 신선한 과일. frutta: 과일. fresca: 신선한.

prenderei (나는) ~을/를 먹고 싶다(*inf.* prendere). 조건법 현재 형태로 의향을 나타낸다
invece 반면에, 반대로.
prendo (나는) ~을/를 마신다 또는 먹는다(*inf.* prendere → p. 42).
Per me 나에게는.
per mamma 엄마에게는.
va bene! 좋습니다. andare bene: 좋다, 일이 잘 되다.
va 가다(*inf.* andare → p. 34).
bene 잘.
torno (나는) 돌아온다(*inf.* tornare → p. 112).
subito: 즉시.

여자 종업원 : 디저트로 무엇을 드시겠습니까?
　　　　　　티라미수, 사과 케이크, 아이스크림, 신선한 과일 등이 있습니다.
민수 : 저는 티라미수 주세요.
롯시씨 : 나는 반대로, 커피 마시겠어요.
마리아 : 나는 아이스크림 그리고 엄마는 사과 케이크를 주세요.
여자 종업원 : 좋습니다. 곧 돌아오겠습니다.
민수 : 감사합니다.

Espressione

Che cosa volete come dessert? 당신들은 디저트로 무엇을 원하십니까?

이 표현은 종업원이 사용할 수 도 있지만 친구들에게도 사용할 수 도 있다. 다음과 같은 표현도 사용한다.

Che cosa **volete** prendere per finire? 당신들은 디저트로 무엇을 원하십니까?
Maria, Che cosa **vuoi** prendere per finire? 마리아, 디저트로 무엇을 먹을래?
Signore, che cosa **vuole** prendere per finire? 선생님, 디저트로 무엇을 드시겠어요?

Per me un gelato 나에게는 아이스크림 주세요.

Per me 다음에 메뉴를 넣어서 음식을 주문하는 표현이다. Per me 대신에 per lui(그에게는), per lei(그녀에게는) 등을 사용해서 포도주나 피자 등을 주문해보자.

Per me, il vino rosso. 나에게는 적포도주 주세요.
Per lui, una pizza ai funghi. 그에게는 버섯 피자 주세요.
Per lei, gli spaghetti al pomodoro. 그녀에게는 토마토 스파게티 주세요.

상기한 표현들 이외에 식당에서 특히 잘 하는 요리가 무엇인지, 고기를 익히는 정도, 설탕, 소금 등의 양에 대해 말하는 경우에는 다음과 같은 표현을 사용한다.

Qual è la specialità della casa? 이 식당의 특별 요리는 무엇입니까?
Ben cotto, per favore! 잘 익혀(Well done) 주세요.
Cotto medio! 중간 정도로 익혀(Medium) 주세요.
Al sangue, per favore! 아주 살짝 익혀(rare) 주세요.
Niente zucchero, per favore! 설탕을 전혀 넣지 마세요.
Poco sale, per favore! 소금을 조금 넣으세요.
Pochissimo zucchero, per favore! 설탕을 아주 조금 넣으세요.

Grammatica

지난 제 11과(→ p. 60)에 이어서 전치사 con과 di에 대해 알아보자. 이미 언급했듯이 전치사는 문맥에 따라 다양한 의미를 지닌다.

◢ 전치사 2 : con, di

Con

① '동반' 을 나타낸다.
Vado a Roma **con** Anna. 나는 안나와 함께 로마에 간다.

② '수단' 을 나타낸다.
Maria arriva **con** il treno delle 10:00. 마리아는 10시 기차를 타고 도착한다.

③ '방식' 을 나타낸다.
Ascolto con attenzione. 나는 주의 깊게 듣는다.

④ '원인' 을 나타낸다.
Con questa neve è impossibile camminare. 이 눈(雪) 때문에 걷기가 불가능하다.

⑤ '품질' 또는 '특성' 을 나타낸다.
Vorrei comprare una camicia **con** le maniche corte. 나는 반 팔 셔츠를 구입하고 싶다.

Di

① '소속' 또는 '소유' 를 나타낸다.
Questo è il libro **di** Anna. 이것은 안나의 책이다.

② '비교' 를 나타낸다.
Maria è più alta **di** Roberta. 마리아는 로베르따 보다 키가 더 크다.

③ '재료' 를 나타낸다.
Questa camicia è **di** seta. 이 셔츠는 실크로 만들어졌다.

④ '주제' 를 나타낸다.
Mi piace parlare **di** calcio. 나는 축구에 대해 이야기하는 것을 좋아한다.

⑤ '원인' 을 나타낸다.
Tanti bambini muoiono **di** fame. 많은 아이들이 배고픔으로 죽는다.

Cultura
디저트

우리나라에서는 최근 몇 년 사이에 이탈리아 에스프레소(Espresso) 커피 붐이 일어났다. 그 결과 이제 웬만한 카페에 가면 에스프레소 커피를 추출하는 이탈리아 커피머신이 놓여 있는 것을 볼 수 있는데, 아직까지 제대로 된 에스프레소를 제공하는 곳은 그리 많지 않은 것 같다. 이탈리아에서는 카페(caffè)하면 에스프레소 커피를 의미하며, 그 양은 앙증맞은 에스프레소 잔의 1/4 정도인데, 위장까지 도달하지 못하고 목구멍을 적실 정도이다. 너무 강한 에스프레소 커피대신에 약간 부드러운 것을 원하는 사람은 에스프레소 룽고(lungo 긴)를 주문한다. 말 그대로 번역하면 '긴 커피' 라는 의미인데 물의 양을 추가해서 약간 묽게 만든 커피이다.

Episodio 5

15 너는 무슨 일을 하니?   16 네 취미는 뭐니?   17 이탈리아인들은 정말로 축구를 사랑하는 것 같다.

민수, 마리아와 축구장에 가다.

Che lavoro fai? 너는 무슨 일을 하니?
께   라보로   파이?

너무나 보고 싶었던 이탈리아 Serie A 축구 경기를 보러 간 민수. 마리아의 친구 Roberta 를 만나서 서로 소개를 한 후 서로의 직업에 대해 이야기한다.

🎧 Dialogo

Roberta : Minsu, che lavoro fai?
민수,   께   라보로   파이?

Minsu : Sono uno studente. Studio all'Università della Corea.
소노 우노 스뚜덴떼.   스뚜디오 알루니베르시따   델라   꼬레아.

Roberta : Che cosa studi?
께   꼬자 스뚜디?

Minsu : Studio economia e commercio. E tu Roberta, che cosa fai nella vita?
스뚜디오 에꼬노미아 에 꼼메르치오.   에 뚜 로베르따,   께   꼬자 파이 넬라 비따?

Roberta : Lavoro in un ristorante al centro.
라보로 인 운 리스또란떼 알 첸뜨로.

Minsu : Ti piace il tuo lavoro?
띠 삐아체 일 뚜오 라보로?

Roberta : Sì, certo, mi piace tanto, ma è un po' faticoso.
시, 체르또, 미 삐아체 딴또,   마 에 운 뽀 파띠꼬조.

🔵 Vocabolario

che lavoro 어떤 일(직업).
fai (너는) ~을/를 하다(*inf.* fare → p. 116).
uno studente 학생.
studio (나는) 공부를 한다(*inf.* studiare → p. 172).
all'Università della Corea 한국대학교에서.
　　all'Università: alla Università의 축소형.
alla a+la 전치사관사(→ p. 24). a: ~곳에서.
l'Università 대학. della Corea: 한국의. Corea: 한국.
studi (너는) 공부를 한다(*inf.* studiare → p. 172).
economia e commercio 경영.
nella vita 인생에서, 삶에서. nella: in+la 전치사관

사(→ p. 24).
la vita 인생.
lavoro (나는) 일을 한다(*inf.* lavorare → p. 112).
in ~곳에서.
al centro 시내에 있는. al: a+il 전치사관사(→ p. 24). a: ~곳에서.
il centro 시내.
ti piace~ 너는 ~을/를 좋아한다. ti: 네게(→ p. 80).
piace 좋아하다, 마음에 들다(*inf.* piacere → p. 80).
ma 그러나.
un po' 약간.
faticoso 힘든, 힘겨운.

로베르타 : 민수, 네 직업은 뭐니?

민수 : 나는 학생이야. 코리아 대학교에서 공부해.

로베르타 : 무엇을 전공하니?

민수 : 경영학을 전공해.

　　　그런데, 로베르타 넌, 직업이 뭐니?

로베르타 : 나는 시내에 있는 식당에서 일해.

민수 : 너는 네 일을 좋아하니?

로베르타 : 그럼, 물론이지. 매우 좋아해. 하지만 조금 힘들어.

Espressione

✎ Che lavoro fai? 너는 무슨 일을 하니?

이 표현은 상대방의 직업을 물어 볼 때 사용한다. 상기한 표현 이외에도 "Che cosa fai nella vita?"도 많이 사용된다. 상대방에게 격식을 갖추어 질문할 경우에는 fai 대신에 fa를 사용한다.

A: Signore, che lavoro **fa** (Lei)? 선생님, 어떤 일을 하세요?
B: Faccio l'insegnante del liceo. 고등학교 교사를 하고 있어요.

A: Signorina, che cosa **fa** nella vita (Lei)? 아가씨, 직업이 무엇입니까?
B: Faccio la cuoca. 요리사를 하고 있어요.

✎ Ti piace ~? 너는 ~을/를 좋아하니?

이 표현은 상대방에게 어떠한 사물, 행동 등에 관해 마음에 드는지, 좋아하는지 질문할 때 사용한다. 상대방에게 격식을 갖추어 질문할 경우에는 Ti 대신에 Le를 사용한다.

A: **Ti** piace la pizza? 너는 피자를 좋아하니?
B: Sì, mi piace tanto. 나는 매우 좋아해.

A: Signore, **Le** piace la pasta? 선생님, 당신은 파스타를 좋아하십니까?
B: Sì, mi piace tanto. 나는 매우 좋아합니다.

A: **Ti** piace cantare? 너는 노래하는 것을 좋아하니?
B: No, non mi piace affatto. 아니, 전혀 좋아하지 않아.

A: Signora, **Le** piace ballare? 부인, 당신은 춤추는 것을 좋아하십니까?
B: No, non mi piace affatto. 아니오, 전혀 좋아하지 않습니다.

● Grammatica

🖊 간접목적인칭대명사.

'간접목적인칭대명사'는 '나에게, 너에게…' 등을 나타내는 의미를 지닌 대명사이다. 간접목적인칭대명사에는 전치사와 같이 사용되지 않는 '약형'과 전치사와 같이 사용되는 '강형'이 있다. 일반적으로 '약형'이 더 많이 사용되며, '약형'의 위치는 '동사 앞'이며, '강형'의 위치는 '동사 뒤'이다.

〈간접목적인칭대명사 **약형**〉

Maria	mi (나에게)	regala un libro.	마리아는 나에게 책을 선물한다.
	ti (너에게)		마리아는 네게 책을 선물한다.
	gli (그 남자에게)		마리아는 그 남자에게 책을 선물한다.
	le (그 여자에게)		마리아는 그 여자에게 책을 선물한다.
	Le (당신에게)		마리아는 당신에게 책을 선물한다.
	ci (우리들에게)		마리아는 우리들에게 책을 선물한다.
	vi (너희들에게, 당신들에게)		마리아는 너희들(당신들)에게 책을 선물한다.
	gli (그들에게)		마리아는 그들에게 책을 선물한다. = Anna offre loro una rosa.

〈간접목적인칭대명사 **강형**〉

Maria	regala un libro	a me.(나에게)	마리아는 나에게 책을 선물한다.
		a te.(너에게)	마리아는 네게 책을 선물한다.
		a lui.(그 남자에게)	마리아는 그 남자에게 책을 선물한다.
		a lei.(그 여자에게)	마리아는 그녀에게 책을 선물한다.
		a Lei.(당신에게)	마리아는 당신에게 책을 선물한다.
		a noi.(우리들에게)	마리아는 우리들에게 책을 선물한다.
		a voi.(너희들에게, 당신들에게)	마리아는 너희들(당신들)에게 책을 선물한다.
		a loro.(그들에게)	마리아는 그들에게 책을 선물한다.

동사 piacere(좋아하다, 마음에 들다)는 일상생활에서 자주 사용되는 동사이다. 하지만 이 동사를 사용할 때는 반드시 지켜야할 다음과 같은 문법 사항이 있다.

- Mi **piace** la pizza. 나는 피자를 좋아한다.(Mi piace + 단수명사)
- Mi **piacciono** gli spaghetti. 나는 스파게티를 좋아한다.(Mi piacciono + 복수명사)
- Mi **piace** cucinare. 나는 요리하는 것을 좋아한다.(Mi piace + 동사원형)

Cultura

안띠빠스또(antipasto 전채요리)와 빠스따(pasta 파스타)

안띠빠스또는 식사를 하기 전에 입맛을 돋우기 위해 섭취하는 음식을 뜻한다. 안띠빠스또 이전에 입맛을 돋우는 술도 한 잔 하는데, 이를 아뻬리띠보(aperitivo 식전주)라고 부른다. 안띠빠스또는 지역에 따라 다양한 종류가 있는데, 일반적으로 햄과 살라메, 문어로 만든 요리를 즐긴다.

안띠빠스또 다음에 primo piatto(첫 번째 요리)인 빠스따를 먹는데 아마도 이 빠스따가 이탈리아 요리의 진수라고 할 수 있다. 집집마다, 지역마다 모양도 가지각색이요, 사용하는 소스도 헤아릴 수 없을 정도로 다양하다. 우리가 알고 있는 스파게티도 이 빠스따의 한 종류일 뿐이다. 와인을 곁들일 경우는 도수가 약간 약한 와인으로 시작한다. 이탈리아를 여행할 땐 다양한 빠스따를 맛보는 것만으로도 행복함을 느낄 것이다.

Che passatempo hai? 네 취미는 뭐니?
께   빠사뗌뽀   아이

서로의 직업에 대해 이야기를 나눈 후, 취미에 대해서도 이야기를 하는 민수와 로베르타.

🎧 Dialogo

Minsu : Che cosa fai di solito quando hai tempo libero?
께 꼬자 파이 디 솔리또 꽌도 아이 뗌뽀 리베로?

Roberta : Mi piace ascoltare la musica.
미 삐아체 아스꼴따레 라 무지까.

Minsu : Che tipo di musica ti piace?
께 띠뽀 디 무지까 디 삐아체?

Roberta : Mi piacciono tutti i tipi di musica. E tu Minsu, che passatempo hai?
미 삐아쵸노 뚜띠 이 띠삐 디 무지까. 에 뚜 민수, 께 빠사뗌뽀 아이?

Minsu : Il mio passatempo preferito è il trekking.
일 미오 빠사뗌뽀 쁘레페리또 에 일 트레킹.

Roberta : Che bell'hobby che hai! Allora, perché non vai sulle Dolomiti?
께 벨롭비 께 아이! 알로라, 뻬르께 논 바이 술레 돌로미띠?

Minsu : In futuro mi piacerebbe andarci.
인 푸뚜로 미 삐아체렙베 안다르치.

 Vocabolario

di solito 보통, 일반적으로.
quando 때.
tempo 시간.
libero 빈, 자유로운.
ascoltare ~을/를 듣다.
tipo 종류, 타입.
tutti 모든.
i tipi 종류들, 타입들.
hobby 취미(= passatempo).
preferito 선호하는.
il trekking 트레킹.

se 만일에.
perché non~ ~하는 게 어때?
perché 왜.
vai (너는) 간다(*inf.* andare → p. 34).
sulle Dolomiti 돌로미티산에. sulle: in+le 전치사 관사. su: ~곳에, ~위에.
prossima volta 다음 번.
piacerebbe (나는) ~을/를 하고 싶다(*inf.* piacere). 조건법 현재(→ p. 42, p. 52) 형태.
andarci 그곳에 가다. andare+ci의 결합 형태. andare: 가다. ci: 그곳. 앞에 나온 장소를 지시한다.

민수, 마리아와 축구장에 가다

민수 : 너는 시간 있을 때 보통 뭘 하니?
로베르타 : 음악 듣는 것을 좋아해.
민수 : 어떤 종류의 음악을 좋아해?
로베르타 : 나는 모든 종류의 음악을 좋아해.
　　　　　민수 너는, 어떤 취미를 가지고 있니?
민수 : 내가 선호하는 취미는 트레킹이야.
로베르타 : 아주 멋있는 취미를 가졌구나!
　　　　　그렇다면, 돌로미티산에 가보는 것은 어때?
민수 : 다음에 그곳에 가보고 싶어.

Espressione

Che bell'hobby che hai! 아주 멋있는 취미를 가졌구나!

감탄 표현을 할 때는 일반적으로 che를 사용한다.

배가 너무 고프면…
Che fame! 배가 너무 고파!

목이 너무 마르면…
Che sete! 목이 너무 말라!

날씨가 너무 좋으면…
Che bel tempo! 날씨가 너무 좋다!

'죽을 정도로 배고프다, 죽을 정도로 목마르다' 등의 표현을 할 때는 다음과 같다.

Ho fame **da morire**! 나는 죽을 정도로 배고파.
Ho sete **da morire**! 나는 죽을 정도로 목말라.

◎・Grammatica

지난 11과(→ p. 60)와 제 14과(→ p. 74)에 이어 전치사 da와 in에 대해 알아보자.

✏ 전치사 3. da, in

Da

① '장소'를 나타낸다.
 Il treno arriva **da** Roma. 기차는 로마에서 온다.

② '이유'를 나타낸다.
 Laura piange **dalla** gioia. 라우라는 기뻐서 운다.

③ '지속 시간'을 나타낸다.
 Aspetto l'autobus **da** un'ora. 나는 한 시간째 버스를 기다리고 있다.

④ '목적'을 나타낸다.
 Questa è la stanza **da** letto. 이것이 침실이다.

⑤ '가치, 가격'을 나타낸다.
 Vorrei comprare due francobolli **da** 2 euro.
 저는 2유로짜리 우표 두 장을 사고 싶습니다.

In

① '장소'를 나타낸다.
 Domani vado **in** Italia. 나는 내일 이탈리아에 간다.

② '시간'을 나타낸다.
 In primavera sbocciano i fiori. 봄에는 꽃들이 핀다.

③ '수단'을 나타낸다.
 Cerco una casa **in** affitto. 나는 세를 놓은 집을 찾고 있다.

④ '방식'을 나타낸다.
 Dobbiamo partire **in** fretta. 우리는 서둘러 떠나야만 한다.

⑤ '수량'을 나타낸다.
 In quanti siete? Siamo **in** quattro. 몇 명이죠? 네 명입니다.

메인 요리를 이탈리아어로 secondo piatto(두 번째 요리)라고 한다. 메인 요리는 크게 고기류와 생선류로 나뉜다. 손님을 접대할 경우는 손님에게 고기를 좋아하는지, 아니면 생선을 좋아하는지 물어본 후에, 식당을 선택하는 것이 보통이다. 왜냐하면 식당에 따라 고기를 잘하는 식당과 해산물을 잘하는 식당으로 나뉘기도 하기 때문이다.

와인을 곁들일 경우는 고기에는 적포도주를, 생선에는 백포도주를 선택하는 것이 일반적이다. 하지만 개인의 취향에 따라서 자신이 좋아하는 포도주를 마시는 경우도 많으며, 음식과 잘 어울리는 포도주를 선택하는 것이 중요하다. Primo piatto에서 마셨던 와인 보다 도수가 약간 높은 와인을 선택한다.

세꼰도 삐아또(secondo piatto 메인 요리)

Mi sembra che gli italiani amino proprio il calcio.
미 셈브라 께 리 이딸리아니 아미노 쁘로쁘리오 일 깔쵸.

내가 볼 때 이탈리아인들은 정말로 축구를 사랑하는 것 같아.

축구 경기가 없는 주말은 상상 조차 할 수 없는 이탈리아. 마리아와 이탈리아 축구에 대해 이야기를 나누는 민수.

🎧 Dialogo

Minsu: Mi sembra che gli italiani amino proprio il calcio.
미 셈브라 께 리 이딸리아니 아미노 쁘로쁘리오 일 깔쵸.

Maria: È vero. Noi italiani, non possiamo vivere senza calcio.
에 베로. 노이 이딸리아니, 논 뽀시아모 비베레 센자 깔쵸.

Minsu: Ma ci saranno anche persone a cui non piace il calcio.
마 치 사란노 앙께 뻬르소네 아 꾸이 논 삐아체 일 깔쵸.

Maria: Sì, però, ogni domenica quasi tutti lo seguono alla TV e molti vanno
시, 뻬로, 온니 도메니까 꽈지 뚜띠 로 세구오노 알라 띠브 에 몰띠 반노
allo stadio.
알로 스따디오.

Minsu: Se una domenica non ci sono le partite, che cosa succede?
세 우나 도메니까 논 치 소노 레 빠르띠떼, 께 꼬자 수체데?

Maria: Qualche tifoso vero, non sapendo che cosa fare, perde la testa.
꽐께 띠포조 베로, 논 사뻰도 께 꼬자 파레, 뻬르데 라 떼스따.

🔵 Vocabolario

mi sembra ~ 나에게는 ~처럼 보인다.
amino ~을/를 사랑하다(*inf.* amare → p. 88).
il calcio 축구.
vero 사실의, 진실의.
possiamo (우리들은) ~을/를 할 수 있다(*inf.* potere → p. 52).
vivere 살다.
senza ~없이.
ci saranno~ ~들이 있을 것이다. saranno: (사람들이) ~있을 것이다(*inf.* essere → p. 88).
a cui 관계대명사(→ p. 200)
però 하지만, 그러나.
ogni domenica 일요일 마다, 모든 일요일.
quasi 거의.

lo 그것을. 남성 단수 명사 il calcio를 대신하는 직접목적대명사 약형(→ p. 176).
seguono ~을/를 따르다(*inf.* seguire).
vanno (사람들은) 간다(*inf.* andare → p. 34).
se 만일 ~이라면.
non c'è ~ ~이 없다. non: 아니다. c'è: ~이 있다. ci è의 축약 형태.
la partita 시합.
succede ~이/가 발생하다(*inf.* succedere).
qualche tifoso 몇몇 팬(fan). tifoso: 팬(fan).
non sapendo 알지 못하기 때문에. sapendo(*inf.* sapere → p. 162). sapere동사의 제룬디오(→ p. 162) 현재 형태
perde la testa: 정신을 잃다, 이성을 잃다.

민수 : 내가 볼 때 이탈리아인들은 정말로 축구를 사랑하는 것 같아.
마리아 : 그건 사실이야. 우리 이탈리아인들은 축구 없이 살 수 없어.
민수 : 하지만 축구를 좋아하지 않는 사람들도 있을 텐데.
마리아 : 맞아. 그러나 일요일에 거의 모든 이탈리아인들은 TV로 축구를 보면서 지내고, 많은 사람들은 경기장에 가.
민수 : 일요일에 축구가 없으면, 무슨 일이 일어나는데?
마리아 : 진짜 팬들은 뭘 해야 할지 몰라서, 정신이 없어.

Espressione

Mi sembra che gli italiani amino proprio il calcio.
내가 볼 때 이탈리아인들은 정말로 축구를 사랑하는 것 같아.

자신의 주관적인 의견을 나타낼 때는 일반적으로 "Mi sembra che~", "Mi pare che~" 등의 표현을 사용한다. 이 경우에 종속절에는 '접속법' 동사를 사용한다(→ p. 236, p. 88).

Mi sembra che ormai si possa dirlo ufficialmente.
내가 볼 때 이미 그것을 공식적으로 말할 수 있는 것 같다.

Mi pare che tu possa essere più diligente.
내가 볼 때 너는 더 부지런할 수 있을 것 같다.

Penso che il calcio sia uno sport non solo bello ma anche gioco strategico.
내 가 볼 때, 축구는 멋있을 뿐만 아니라 전술적인 게임이다.

Ogni domenica quasi tutti lo seguono alla TV. 일요일에 거의 모든 사람은 TV로 축구를 본다.

'매번의'의 의미를 지닌 'ogni'는 항상 단수 명사를 수식하며, 명사의 성수에 관계없이 형태는 동일하다. 이 문장에서 'tutti'는 정해지지 않은 '모든 사람'을 대신하는 부정(否定)대명사이다. 이 문장에서 'lo'는 앞에 위치한 남성 단수 명사 il calcio를 대신하는 직접목적대명사 약형이다. 앞에 위치한 여성 단수 명사를 대신하는 직접목적대명사는 la이다(→ p. 176).

Grammatica

직설법 단순 미래 1 : 동사 essere와 avere

'직설법 단순미래'는 미래에 실제로 일어날 동작이나 사건을 나타낼 때 사용한다.
1인칭 단수와 3인칭 단수의 경우, 마지막 모음에 악센트(-ò, -à)가 있다는 점에 주의한다.

	essere	avere
(Io)	sarò	avrò
(Tu)	sarai	avrai
(Lui, Lei)	sarà	avrà
(Noi)	saremo	avremo
(Voi)	sarete	avrete
(Loro)	saranno	avranno

접속법

접속법이란 말하는 사람(화자)이 자신의 주관적인 생각 또는 불확실함, 의심, 욕구, 희망, 걱정 등을 표현할 때 사용하는 방식이다. 자세한 사항에 대해서는 제 49과 참고(→ p. 236).

〈접속법 현재 형태 규칙 형태〉

	-are	-ere	-ire
	amare	credere	sentire
Io	ami	creda	senta
Tu	ami	creda	senta
Lui	ami	creda	senta
Noi	amiamo	crediamo	sentiamo
Voi	amiate	crediate	sentiate
Loro	amino	credano	sentano

〈접속법 현재 형태 불규칙 형태〉

	andare	venire	fare	dire	dare
Io	vada	venga	faccia	dica	dia
Tu	vada	venga	faccia	dica	dia
Lui, Lei	vada	venga	faccia	dica	dia
Noi	andiamo	veniamo	facciamo	diciamo	diamo
Voi	andiate	veniate	facciate	diciate	diate
Loro	vadano	vengano	facciano	dicano	diano

Cultura
이탈리아인들의 스포츠

개인에 따라 매우 다양하지만 대부분의 이탈리아인들이 즐기는 스포츠는 축구와 사이클이다. 특히 축구의 강국답게 일반인들도 모여서 축구하는 것을 매우 즐긴다. 우리와 다른 점이 있다면 아침 일찍 축구를 하는 것이 아니라, 저녁에 축구를 한다는 것이다. 아무리 작은 동네라도 야간 조명 시설이 갖추어진 잔디 구장이 있으며, 잔디 구장 옆에는 연습 구장이 마련되어 있다. 모든 축구 선수들이 꿈꾸는 무대인 이탈리아 프로 축구의 경우 1부 리그 Serie A에는 20개 팀, 2부 리그 Serie B에는 22팀이 있으며, 3부 리그인 Serie C도 있다.

Episodio 6

18 그곳 날씨는 어때?   19 로마는 온도가 0도 이하로 절대 내려가지 않아.
20 너는 아침에 몇 시에 일어나니?

민수, 마리아와 여행에 대해 얘기하다.

Che tempo fa in quella zona? 그곳 날씨는 어때?
께 뗌뽀 파 인 꽬라   조나?

여행을 떠나기 전에 마리아와 이탈리아 날씨에 대해 이야기를 나누는 민수.

🎧 Dialogo

Minsu : Fra due giorni parto per il Sud Italia.
프라 두에 조르니 빠르또 뻬르 일 수드 이딸리아.

Maria : Dove andrai?
도베 안드라이?

Minsu : Andrò a vedere Pompei e Sorrento.
안드로 아 베데레 뽐뻬이 에 소렌또.

Di solito, che tempo fa in quella zona?
디 솔리또, 께 뗌뽀 파 인 꽬라   조나?

Maria : Durante l'estate, fa molto caldo.
두란떼   레스따떼, 파 몰또   깔도.

E durante l'inverno non fa tanto freddo.
에 두렌떼 린베르노   논 파 딴또 프레도.

Minsu : Da quando si può nuotare al mare?
다 꽌도   시 뿌오 누오따레 알 마레?

Maria : Dal mese di maggio si può già nuotare.
달 메제   디 마쬬   시 뿌오 쟈 누오따레.

🔵 Vocabolario

fra ~후에.
due giorni 이틀.
parto (나는) 떠난다, 출발한다(*inf.* partire → p. 112).
per ~행(行). partire per ~: ~를 향해 출발하다.
il Sud Italia 남부 이탈리아. Sud: 남쪽.
andrai (너는) 갈 것이다(*inf.* andare → p. 94).
andrò (나는) 갈 것이다(*inf.* andare → p. 94).
a ~위해서. andare a ~: ~하기 위해 가다.
vedere ~을/를 보다.
fa (날씨가) ~하다(*inf.* fare → p. 116).
in ~곳에.
durante ~동안.
l'estate 여름.

caldo 더운.
l'inverno 겨울.
freddo 추운.
da ~부터.
si 일반인을 나타내는 비인칭의 si.
può (사람은) ~을/를 할 수 있다(*inf.* potere → p. 52).
nuotare 수영을 하다.
al mare 바다에서. al: a+il 전치사관사. a: ~곳에서.
dal da+il 전치사관사. da: ~부터.
mese 달(月).
maggio 5월.
già 이미, 벌써.

민수 : 이틀 후에 난 이탈리아 남쪽으로 떠나.
마리아 : 어디에 갈 거니?
민수 : 폼페이하고 소렌토를 보러 갈 거야.
　　　보통 그곳 날씨는 어때?
마리아 : 여름에는 매우 더워. 하지만 겨울에는 그리 춥지 않아.
민수 : 언제부터 해수욕을 할 수 있어?
마리아 : 5월부터 이미 수영할 수 있어.

Espressione

Che tempo fa in quella zona? 그곳 날씨는 어때?

날씨와 계절에 관한 표현은 일상적인 대화에서도 빠지지 않는 내용이다. 이에 관한 표현을 알아보자.

A : Che tempo fa oggi? 오늘 날씨가 어때요?
B : Fa bel tempo(oggi il tempo è bello). 날씨가 좋아요.
　　Fa brutto tempo(oggi il tempo è brutto). 날씨가 나빠요.

날씨에 관한 다양한 표현은 다음 19과(→ p. 97)에서 다루기로 하고, 상기한 표현외의 날씨에 관한 간단한 표현은 다음과 같다.
Piove. 비가 온다. / Nevica. 눈이 온다. / Tira vento. 바람이 분다.

Durante l'estate, fa molto caldo. 여름에는 매우 덥다.

이탈리아도 우리나라와 동일하게 4계절로 이루어져 있지만 장화처럼 긴 모양의 지형적 특성으로 인해 북부와 남부의 기후차이가 많다. 이탈리아어로 4계절은 다음과 같다.

Le quattro stagioni sono la primavera, l'estate, l'autunno e l'inverno.
4계절은 봄, 여름, 가을 그리고 겨울이다.

Dal mese di maggio si può già nuotare. 5월부터 이미 수영을 할 수 있어.

달(月, i mesi)은 다음과 같으며 모두 '남성 단수'이다.
gennaio(1월), febbraio(2월), marzo(3월), aprile(4월), maggio(5월), giugno(6월), luglio(7월), agosto(8월), settembre(9월), ottobre(10월), novembre(11월), dicembre(12월).

Grammatica

직설법 단순 미래 2

규칙 변화의 경우 동사의 어미가 –are로 끝나는 1군 동사와 –ere로 끝나는 2군 동사의 변화 형태는 동일(–erò, –erai, –erà, eremo, –erete, –eranno) 하다. –ire로 끝나는 3군 동사의 경우는 –irò, –irai, –irà, –iremo, –irete, –iranno로 변한다. 앞서 학습한 essere와 avere 동사와 마찬가지로 1인칭 단수와 3인칭 단수의 경우, 마지막 모음에 악센트(–ò, –à)가 있다는 점에 주의한다.

	-are	-ere	-ire
	tornare	chiedere	partire
(Io)	tornerò	chiederò	partirò
(Tu)	tornerai	chiederai	partirai
(Lui, Lei)	tornerà	chiederà	partirà
(Noi)	torneremo	chiederemo	partiremo
(Voi)	tornerete	chiederete	partirete
(Loro)	torneranno	chiederanno	partiranno

Domani Maria tornerà da Roma. 내일 마리아는 로마에서 돌아올 것이다.
Fra poco chiederemo le informazioni. 조금 후에 우리들은 정보를 요구할 것이다.
Fra una settimana con te partirò per l'Italia. 일주일 후에 나는 너와 이탈리아로 떠날 것이다.

〈주요 동사의 직설법 단순 미래 불규칙 형태〉

Andare a Milano. 밀라노에 가다.
(io) andrò, (tu) andrai, (lui, lei, Lei) andrà, (noi) andremo, (voi) andrete,
(loro) andranno a Milano.

Fare cena. 저녁 식사를 하다.
(io) farò, (tu) farai, (lui, lei, Lei) farà, (noi) faremo, (voi) farete, (loro) faranno cena.

Sapere la verità. 진실을 알다.
(io) saprò, (tu) saprai, (lui, lei, Lei) saprà, (noi) sapremo, (voi) saprete, (loro) sapranno la verità.

Venire a casa nostra. 우리 집에 오다.
(io) verrò, (tu) verrai, (lui, lei, Lei) verrà, (noi) verremo, (voi) verrete, (loro) verranno a casa nostra.

Cultura
이탈리아 남부

이탈리아 남부는 북부 및 중부 지역과 마찬가지로 역사적인 측면에서 매우 독특한 모습을 지니고 있다. 특히 시칠리아는 기원전부터 이탈리아가 통일된 1861년까지 수많은 민족들로부터 지배를 당한 결과로 인해 "이탈리아는 이탈리아이고, 시칠리아는 시칠리아이다(Italy is Italy, Sicily is Sicily)"라는 말이 있을 정도로 이탈리아 반도와는 매우 다른 독특한 역사와 문화를 지니고 있다.

현재 이탈리아 남부는 자연적, 정치적, 경제적 측면 등의 연유로 인하여 이탈리아 북부와 많은 차이를 보인다. 특히 소득이 높은 북부와의 현격한 경제적인 차이로 인하여 발생한 '남부 문제(questione meridionale)'는 현재까지도 지속되고 있으며, 이탈리아 정부는 이 문제를 해결하기 위해 노력하고 있다.

A Roma, la temperatura non scende mai sotto lo zero.
아 로마,   라 뗌뻬라뚜라   논 쉔데   마이 소또 로 제로.
로마는 온도가 0도 이하로 절대 내려가지 않아.

날씨와 기후 이야기를 하던 민수와 마리아, 자연스럽게 계절에 관한 대화로 넘어간다.

 Dialogo

Minsu : Mi sembra che a Roma non faccia freddo come a Seoul durante l'inverno.
미 셈브라 께 아 로마 논 파치아 프레도 꼬메 아 세울 두란떼 린베르노.

Maria : A Roma, la temperatura non scende mai sotto lo zero.
아 로마, 라 뗌뻬라뚜라 논 쉔데 마이 소또 로 제로.

Minsu : Invece, a Seoul, durante l'inverno fa molto freddo, tira il vento siberiano
인베체, 아 세울, 두란떼 린베르노 파 몰또 프레도, 띠라 일 벤또 시베리아노
e nevica abbastanza.
에 네비까 아바스딴자.

Maria : Qui, a Roma, è quasi impossibile vedere la neve.
뀌, 아 로마, 에 꽈시 임뽀시빌레 베데레 라 네베.
E qual è la stagione più bella in Corea?
에 꽐 레 라 스따죠네 쀼 벨라 인 꼬레아?

Minsu : Penso che sia l'autunno.
뻰소 께 시아 라우뚠노.
Tutte le foglie cambiano i colori e diventano rosse, gialle…
뚜떼 레 폴리에 깜비아노 이 꼴로리 에 디벤따노 롯세, 쨜레…

Maria : È vero. Anch'io ho visto le bellissime foto delle montagne autunnali in
에 베로. 앙끼오 오 비스또 레 벨리시메 포또 델레 몬따녜 아우뚠날리 인
Corea.
꼬레아.

○• Vocabolario

faccia ~을/를 하다(*inf.* fare). 접속법 현재(→ p. 236) 형태
durante 동안.
scende (온도가) 내려가다(*inf.* scendere → p. 172).
non ~ mai 결코 ~이 아니다.
tira ~을/를 당기다(*inf.* tirare → p. 112).
nevica 눈이 내리다(*inf.* nevicare).
abbastanza 상당히, 꽤.
impossibile 불가능한.
vedere ~을/를 보다.
la neve 눈(雪).
qual 어떤, 어느. 의문대명사.

la stagione più bella 가장 아름다운 계절.
penso (나는) ~을/를 생각한다(*inf.* pensare → p. 248).
sia ~이다(*inf.* essere → p. 236).
le foglie 낙엽들.
cambiano ~을/를 바꾸다(*inf.* cambiare → p. 172).
diventano ~이 되다(*inf.* diventare → p. 112).
rosse 붉은 색의. **gialle:** 노란색의.
ho visto (나는) ~을/를 보았다. 동사 vedere의 직설법 근과거 형태(→ p. 108).
le bellissime foto 매우 아름다운 사진들.
bellissime bello의 절대적 최상급 형태(→ p. 214).
montagne autunnali 가을 산(山)들.

민수, 마리아와 여행에 대해 얘기하다.

민수 : 내가 볼 때 겨울에 로마는 서울처럼 춥지 않은 것 같아.
마리아 : 로마는 온도가 0도 이하로 절대 내려가지 않아.
민수 : 반대로, 서울은 겨울에 매우 춥고, 시베리아 바람도 불고, 눈도 상당히 내려.
마리아 : 이곳 로마에서는 눈(雪)을 보는 것은 거의 불가능해.
그런데, 한국에서는 어느 계절이 가장 아름다워?
민수 : 내 생각에는 가을이야. 모든 나뭇잎들이 빨갛고, 노랗게 색깔을 바꾸지…
마리아 : 맞아. 나도 한국 가을 산들의 매우 멋있는 사진을 본 적이 있어.

◎·Espressione

A Roma, la temperatura non scende mai sotto lo zero.
로마에서 온도는 0도 이하로 절대 내려가지 않아.

제 18과에 이어 날씨에 관한 다양한 표현은 다음과 같다.

Sta piovendo. 비가 오고 있다.
Sta per piovere. 비가 오려고 한다.
Sta nevicando. 눈이 내리고 있다.
Sta per nevicare. 눈이 오려고 한다.

È nuvoloso. 구름이 꼈다.
Fa caldo. 날씨가 덥다.
Fa freddo. 날씨가 춥다.
È umido. 습하다.
Il tempo è variabile. 날씨가 변덕스럽다.

* 상기한 표현에 '매우'라는 단어를 삽입하고자 하는 경우에는 È molto nuvoloso, Fa molto caldo, Fa molto freddo, Fa molto umido, Il tempo è molto variabile 등과 같이 'molto'를 사용한다.

A: Che tempo fa in Corea durante l'estate? 한국의 여름 날씨는 어때요?
B: Fa molto caldo ed è umido. 매우 덥고 습해요.

A: Qual è la stagione più brutta a Venezia? 베네치아에서 가장 나쁜 계절은?
B: Penso che sia l'inverno. 나는 겨울이라고 생각해.

◉ Grammatica

✎ 직설법 근과거 1. (직설법 근과거 2 → p. 108)

'직설법 근과거'란 현재로부터 가까운(近) 과거(過去)에 실제로 일어났던 행위, 사건 등을 나타내는 방식이다. 우선 직설법 근과거의 형태는 다음과 같다.

> Essere
> 또는   직설법 현재 + 과거분사(p.p.)
> Avere

이 경우에 동사 essere와 avere는 근과거 시제를 만들기 위한 보조동사로 사용된다.
본동사의 '과거분사' 형태에는 동사에 따라 **규칙 형태**와 **불규칙 형태**가 있다. 먼저 **규칙 형태**는 동사의 원형에 따라 다음과 같이 만든다.

–are → –ato	–ere → –uto	–ire → –ito
guard**are** → guard**ato**	vend**ere** → vend**uto**	fin**ire** → fin**ito**

직설법 근과거의 형태에서 보듯이 보조동사로 essere 동사 혹은 avere 동사를 선택할 수 있다. 먼저 essere 동사를 보조 동사로 사용하는 경우는 다음과 같다.

1) 목적보어가 필요 없는 대부분의 자동사로 왕래발착을 나타내는 동사: andare 가다, venire 오다, partire 출발하다, arrivare 도착하다, entrare 들어가다, uscire 외출하다, tornare 돌아오다, ritornare 다시 돌아오다, atterrare 착륙하다, decollare 이륙하다 등...
   과거분사가 essere 동사를 보조동사로 취할 경우, **중요한 점**은 과거분사의 어미 형태가 주어의 성수에 따라서 4가지 (주어가 남성 단수→ –o, 주어가 여성 단수→ –a, 주어가 남성 복수→ –i, 주어가 여성 복수→ –e) 형태를 지닌다는 점이다.
   Ieri sono arrivato a Roma. 나는 어제 로마에 도착했다.(주어인 '나'가 **남성**인 경우 **–o**)
   Ieri sono arrivata a Roma. 나는 어제 로마에 도착했다.(주어인 '나'가 **여성**인 경우 **–a**)
   Poco fa Marco è uscito. 조금 전에 마르꼬는 외출했다.(주어가 남성 단수: **–o**)
   Poco fa Laura è uscita. 조금 전에 라우라는 외출했다.(주어가 여성 단수: **–a**)

2) 장소상태 동사(rimanere, stare, restare: ~곳에 머무르다)와 변화를 나타내는 자동사(nascere 태어나다, morire 죽다, crescere 성장하다, diventare ~이 되다, invecchiare 늙다, arrossire 얼굴이 붉어지다, tramontare 해가 지다, succedere 발생하다 등).
   Ieri Marco è tornato a casa. 어제 마르꼬는 집에 돌아왔다.(주어가 남성 단수: **–o**)
   Ieri Laura è tornata a casa. 어제 라우라는 집에 돌아왔다.(주어가 여성 단수: **–a**)
   I ragazzi sono nati a Roma. 이 소년들은 로마에서 태어났다. (주어가 남성 복수: **–i**)
   Le ragazze sono nate a Roma. 이 소녀들은 로마에서 태어났다.(주어가 여성 복수: **–e**)

Cultura
이탈리아 중부

이탈리아 중부 지역은 고대 로마 제국의 수도였던 로마를 비롯하여, 르네상스의 발생지인 피렌체, 기울어진 탑이 있는 곳으로 유명한 피사, 팔리오(Palio) 축제로 유명한 시에나 등… 열거하기에 지면이 부족할 정도로 이름 있는 유구한 역사를 지닌 도시들이 있는 곳이다. 또 이탈리아 포도주를 대표하는 와인인 끼 안 띠 (Chianti), 몬 딸 치 노 (Montalcino), 사시까이아(Sassicaia) 등이 생산되는 구릉지역이 위치한 지역이다.

A che ora ti svegli la mattina?
아 께 오라 띠 즈벨리 라 마띠나?
너는 아침에 몇 시에 일어나니?

 마리아에게 하루의 일과 시간에 대해 묻는 민수.

 **Dialogo**

Minsu : Maria, di solito, a che ora ti svegli la mattina?
마리아, 디 솔리또, 아 께 오라 띠 즈벨리 라 마띠나?

Maria : Verso le sette o sette e mezza.
베르소 레 셋떼 오 셋떼 에 멧자.

Minsu : Che cosa fai dopo?
께 꼬자 파이 도뽀?

Maria : Mi alzo subito e poi mi lavo, mi pettino e mi vesto in fretta.
미 알쪼 수비또 에 뽀이 미 라보, 미 뻬띠노 에 미 베스또 인 프레따.

Minsu : Perché così in fretta?
뻬르께 꼬지 인 프레따?

Maria : Perché devo prendere l'autobus almeno alle otto per arrivare alla
뻬르께 데보 쁘렌데레 라우또부스 알메노 알레 오또 뻬르 아리바레 알라

prima lezione.
쁘리마 레찌오네.

• Vocabolario

di solito 보통.
a che ora 몇 시에. a: ~때에.
ti svegli (너는) 잠에서 깨어난다(*rif.* svegliarsi → p. 102).
la mattina 아침.
verso ~즈음에.
ti alzi (너는) 일어난다(*rif.* alzarsi → p. 102).
subito 즉시, 곧바로.
mi alzo (나는) 자리에서 일어난다(*rif.* alzarsi → p. 102).
mi lavo (나는) 몸을 씻는다(*rif.* lavarsi → p. 102).
mi pettino (나는) 빗질을 한다(*rif.* pettinarsi → p. 102).
mi vesto (나는) 옷을 입는다(*rif.* vestirsi → p. 102).
in fretta 급히, 서둘러.
perché 왜냐하면.
devo (나는) ~을/를 해야만 한다(*inf.* dovere → p. 52).
prendere ~을/를 타다.
almeno 최소한.
per ~위해.
arrivare 도착하다.
alla prima lezione 첫 수업에. alla: a+la 전치사 관사. a: ~때에.

민수, 마리아와 여행에 대해 얘기하다.

민수 : 마리아, 보통 너는 아침에 몇 시에 일어나니?
마리아 : 7시나 7시 30분경에.
민수 : 그런 후에 뭘 하니?
마리아 : 나는 즉시 일어나서 세수를 하고, 빗질을 하고, 서둘러서 옷을 입어.
민수 : 왜 그렇게 서두르는데?
마리아 : 왜냐하면 첫 수업에 도착하기 위해서는 적어도 8시 버스를 타야만 하거든.

Espressione

✓ A che ora ti svegli la mattina? 너는 아침에 몇 시에 일어나니?

이번에는 시간 관련 표현인 "몇 시에~"와 "몇 시입니까?"에 대해 알아봅시다.

A: A che ora hai appuntamento? 너는 몇 시에 약속이 있니?
B: Alle 5 di pomeriggio. 오후 5시에.

A: A che ora devi andare a scuola? 너는 몇 시에 학교에 가야 하니?
B: Alle 8 di mattina. 아침 8시에.

시간을 묻는 표현에는 "Che ora è?" 또는 "Che ore sono?"를 사용한다. 대답할 때 '1시~1시 59분까지' 그리고 '정오'와 '자정'은 단수로 취급하여 항상 essere 동사의 직설법 현재 3인칭 단수 형태(È)를 사용한다. 2시 이후부터는 복수로 취급하여 항상 essere 동사의 직설법 현재 3인칭 복수 형태(Sono)를 사용한다.

A : Che ora è? 몇 시입니까?
B : È l'una e dieci. 1시 10분입니다.

A : Che ora è? 몇 시입니까?
B : È mezzogiorno(mezzanotte). 정오(자정)입니다.

A : Che ore sono? 몇 시입니까?
B : Sono le cinque e mezzo. 5시 30분입니다.

A : Che ore sono? 몇 시입니까?
B : Sono le otto di mattina. 아침 8시입니다.

A : Che ore sono? 몇 시입니까?
B : Sono le nove di sera. 저녁 9시입니다.

◎ Grammatica

🖋 재귀대명사

'재귀대명사'는 주어가 행한 행동이 다시 주어에게 돌아올 때 사용되는 대명사이다.

(Io) **Mi** lavo. 나는 나를 씻는다.
(Tu) **Ti** lavi. 너는 너를 씻는다.
(Lui, Lei) **Si** lava. 그(그녀, 당신)는 자신을 씻는다.
(Noi) **Ci** laviamo. 우리는 우리를 씻는다.
(Voi) **Vi** lavate. 너희들은 너희들을(당신들은 당신들을) 씻는다.
(Loro) **Si** lavano. 그들은 그들을 씻는다.

＊주어가 행한 행동이 주어의 신체 일부에 되돌아 올 경우에도 재귀대명사를 사용한다.

Mi lavo i denti. 나는 이를 닦는다.
Ti lavi i denti. 너는 이를 닦는다.
Si lava i denti. 그는 이를 닦는다.
Si lava i denti. 당신은 이를 닦는다.
Ci laviamo i denti. 우리는 이를 닦는다.
Vi lavate i denti. 너희들은(당신들은) 이를 닦는다.
Si lavano i denti. 그들은 이를 닦는다.

🖋 상호재귀대명사

재귀대명사 중에서 '상호적인 것을 표현하는 재귀대명사'가 있는데, 이와 같은 재귀대명사를 '**상호재귀대명사**'라고 한다. '상호재귀대명사'의 형태는 **ci**(우리는 서로), **vi**(너희들은 서로), **si**(그들은 서로) 가 있다.

① Io ti saluto. 나는 네게 인사를 한다.
　　Tu mi saluti. 너는 내게 인사를 한다.
　　→ (Noi) Ci salutiamo. 우리는 서로 인사를 한다.

② Tu saluti Carlo. 너는 까를로에게 인사를 한다.
　　Carlo ti saluta. 까를로는 네게 인사를 한다.
　　→ (Voi) Vi salutate. 너희들은 서로 인사를 한다.

③ Paolo saluta Anna. 빠올로는 안나에게 인사를 한다.
　　Anna saluta Paolo. 안나는 빠올로에게 인사를 한다.
　　→ (Loro) Si salutano. 그들은 서로 인사를 한다.

Cultura
이탈리아 북부

이탈리아 북부 지역은 이탈리아의 상업의 중심지인 밀라노, 자동차 공업의 메카인 토리노, 산업의 중심 도시인 비첸자, 베로나 등의 트리베네토 지역, 그리고 영원한 물의 도시이며, 낭만의 도시인 베네치아 등으로 구성되어 있다. 또한 이탈리아 중부 지역에 위치한 와인 산지인 끼안띠 지역에 비유되는 바롤로(Barolo), 돌체토(Dolcetto) 등이 생산되는 랑게(Langhe) 지역이 위치하고 있다.

Episodio 7

21 재킷을 보고싶어요.   22 굽이 낮은 저 구두를 보고 싶어요.
23 듀티프리를 하고 싶은데 어떻게 해야 하죠?

민수, 마리아와 쇼핑을 하다.

Vorrei vedere una giacca. 저는 재킷을 보고 싶어요.
보레이 베데레 우나 쟈까.

옷 가게에서 쇼핑하는 민수.

🎧 Dialogo

Commessa: Buon giorno, signore! Desidera?
　　　　　　부온　조르노,　시뇨레!　데지데라?
Minsu: Buon giorno! Vorrei vedere una giacca.
　　　　　부온　조르노!　보레이　베데레　우나　쟈까.
Commessa: Ha già visto qualcosa in vetrina?
　　　　　　아　좌　비스또　꽐꼬자　인 베뜨리나?
Minsu: Sì, ho visto quella marrone. Ma vorrei provare altri modelli.
　　　　시,　오　비스또　꿸라　마로네.　마　보레이　쁘로바레　알뜨리 모델리.
Commessa: Va bene! Prima, porto quella che ha visto. Che taglia ha?
　　　　　　바　베네!　쁘리마,　뽀르또　꿸라　께　아　비스또.　께　딸리아 아?
Minsu: La 50.
　　　　라　칭꽌따.
Commessa: Ecco a Lei! Si accomodi nel camerino.
　　　　　　에꼬　아　레이!　시　아꼬모디　넬　까메리노.

 Vocabolario

commessa 여자 점원.
Desidera? 도와드릴까요? 당신은 무엇을 원하시나요?(*inf.* desiderare).
vedere ~을/를 보다.
una giacca 재킷.
ha visto (당신은) ~을/를 보았다. 동사 vedere의 직설법 근과거 형태(→ p. 108).
già 이미, 벌써.
qualcosa 무엇. 부정(不定)대명사.
in vetrina 진열장에서.
marrone 밤색의.
provare ~을/를 입어보다, ~을/를 시도하다.
altri modelli 다른 모델들.
prima 먼저, 우선.
porto (나는) ~을/를 가져오다(*inf.* portare → p. 112).
che taglia 어떤 치수, 무슨 치수. che: 어떤, 무슨. 뒤에 위치한 명사 taglia를 수식하는 의문형용사(→ p. 148).
la 50 50 사이즈. 우리나라의 100 사이즈와 유사.
a Lei 당신에게. a: ~에게.
si accomodi (당신은) 편하게 하세요. 동사 accomodarsi의 당신(Lei)에 대한 격식 명령 형태. 이곳에서는 옷을 입어보는 곳으로 "들어가세요!"라는 의미로 사용되었다. 상황에 따라서 "앉으세요!"라는 의미로도 사용된다.
nel camerino 옷가게 탈의실(fitting room)로.

여자 점원 : 안녕하세요, 선생님! 도와드릴까요?

민수 : 안녕하세요! 재킷을 보고 싶어요.

여자 점원 : 쇼윈도에서 보신 것 있으세요?

민수 : 예. 저 밤색 재킷을 보았습니다. 하지만, 다른 모델들도 입어보고 싶어요.

여자 점원 : 좋습니다! 우선, 보신 것을 가져오겠습니다. 몇 사이즈를 입으시죠?

민수 : 50입니다.

여자 점원 : 여기 있습니다. 입어 보는 곳으로 가시죠.

Espressione

Vorrei vedere una giacca. 저는 재킷을 보고 싶어요.

가게에 들어가서 자신이 관심 있는 물건을 보자고 할 때 사용하는 표현이다. 대표적인 옷 종류와 색깔에 관련된 표현을 알아보자.

Vorrei vedere una gonna(i pantaloni). 저는 치마(바지)를 보고 싶어요.

Vorrei vedere una camicia blu. 저는 파란색 셔츠를 보고 싶어요.
Vorrei vedere una cravatta rossa. 저는 붉은 넥타이를 보고 싶어요.

만일에 이미 진열장에서 본 치마 혹은 재킷이 어울리는지 한 번 입어보고 싶다면 손가락으로 그 제품을 가리키며 다음과 같이 말하면 된다.
Vorrei provare quella (gonna, giacca). 저는 저것을(저 치마를, 저 재킷을) 입어보고 싶어요.

Vorrei provare quella (camicia, maglia) blu.
저는 저 파란 것을(와이셔츠, 티셔츠) 입어보고 싶어요.

다음은 사이즈에 관련된 표현이다.
Questa giacca è troppo grande per me. 이 재킷은 제게 너무 커요.
Questa gonna è troppo stretta per me. 이 치마는 네게 너무 작아요.

A:Che taglia prende? 몇 사이즈를 입으세요?
B:Prendo la taglia 48. 48 사이즈를 입어요.(48사이즈=우리나라 90~95 정도)

A:Avete la taglia 50? 50사이즈 있으세요?
B:Mi dispiace, è esaurita. 미안합니다. 다 판매되었습니다.

Grammatica

✎ 직설법 근과거 2.

제 19과(→ p. 98)에서 학습했듯이 직설법 근과거 형태는 "Essere 또는 Avere 동사의 직설법 현재+과거분사" 형태를 지닌다. 이 과에서는 avere 동사를 보조동사로 취하는 경우를 살펴보자. Avere 동사를 보조동사로 취할 경우, 과거분사의 어미 형태는 약간의 예외적인 경우를 제외하고 주어의 성수에 관계없이 항상 –o이다.

1) 직접목적보어를 필요로 하는 타동사: aspettare: ~을/를 기다리다, comprare: ~을/를 구입하다, dare: ~을/를 주다, vendere ~을/를 팔다 등.
   Ieri Carlo ha comprato una macchina nuova. 까를로는 어제 새 자동차를 구입했다.
   Ieri Maria ha comprato una macchina nuova. 마리아는 어제 새 자동차를 구입했다.

2) 자동사 중에서 '직접목적보어의 의미를 포함'하고 있는 동사로, 직접목적보어를 필요로 하지 않고 일반적으로 '간접목적보어' 혹은 부사만을 필요로 하는 동사: camminare 걸음을 걷다, cenare 저녁을 먹다, dormire 잠을 자다, parlare 말을 하다, passeggiare 산책을 하다, piangere 울음을 울다, ridere 웃음을 웃다, telefonare 전화를 걸다, viaggiare 여행을 하다, sorridere 미소를 짓다 등.
   Ieri Mario ha camminato molto. 어제 마리오는 많이 걸었다.
   Ieri Anna ha dormito poco. 어제 안나는 잠을 조금 잤다.

〈과거분사 : 불규칙 형태〉

aprire(~을/를 열다) → aperto	bere(~을/를 마시다) → bevuto	chiudere(~을/를 닫다) → chiuso
decidere (결정하다) → deciso	dire(~을/를 말하다) → detto	essere(~이다) → stato
fare(~을/를 하다) → fatto	leggere(~을 읽다) → letto	mettere(~을/를 놓다) → messo
nascere(태어나다) → nato	perdere(~을/를 잃다) → perso(perduto)	prendere(~을/를 갖다, 취하다, 먹다) → preso
rimanere(머물다) → rimasto	rispondere(대답을 하다) → risposto	scegliere(~을/를 선택하다) → scelto
scendere(내려가다) → sceso	scrivere(~을/를 쓰다) → scritto	stare(머무르다) → stato
succedere(발생하다) → successo	vedere(~을/를 보다) → visto(veduto)	venire(오다) → venuto

Cultura

패션의 나라 이탈리아

아르마니(Armani), 구치(Gucci), 페레(Ferre), 프라다(Prada) 등 이름만 들어도 알 수 있을 정도의 명성을 지닌 패션 제품을 생산하는 나라가 이탈리아이다. 상표가 곧 자신의 이름이기도 한 이탈리아의 패션 디자이너들은 자신들만의 창의적인 독특한 아이디어를 바탕으로 세계 패션계를 리드하고 있다. 이들은 유행을 따르는 사람들이 아니라, 유행을 만드는 사람들이다.

Vorrei vedere quella scarpa con il tacco basso.
보레이 베데레 꿸라 스까르빠 꼰 일 따꼬 밧소.
굽이 낮은 저 구두를 보고 싶습니다.

구두가게에서 쇼핑하는 민수.

🎧 Dialogo

Commessa: Buona sera, signore! Mi dica!
부오나 세라, 시뇨레! 미 디까!

Minsu: Vorrei vedere quella scarpa con il tacco basso.
보레이 베데레 꿸라 스까르빠 꼰 일 따꼬 밧소.

Commessa: Ho capito. Che numero porta?
오 까삐또. 께 누메로 뽀르따?

Minsu: Il 40.
일 꽈란따.

Commessa: Ecco a Lei! Questa è una scarpa molto comoda.
에꼬 아 레이! 꿰스따 에 우나 스까르빠 몰또 꼬모다.

Minsu: Quanto viene?
꽌또 비에네?

Commessa: 70 euro.
세딴따 에우로.

Minsu: Un po' di sconto, per favore!
운 뽀 디 스꼰또, 뻬르 파보레!

🔵 Vocabolario

Mi dica! 말씀하세요! **mi:** 나에게. 간접목적인칭대명사 약형 1인칭 단수 형태(→ p. 80).
dica: (당신은) 말하시오. 동사 dire의 접속법 현재 3인칭 단수 형태로, 이곳에서는 당신(Lei)에 대한 격식 명령 형태로 사용되었다.
quella scarpa: 저 구두. **quella:** 저. 뒤에 위치한 명사 scarpa를 지시하는 지시형용사(→ p. 38).
con il tacco basso: 낮의 굽의. **con:** ~가지고 있는(→ p. 74).
il tacco: 구두의 뒷 굽.
basso: 낮은
ho capito: (나는) 이해를 했다. 동사 capire의 직설법 근과거 형태(→ p. 108).
che numero: 어떤 치수.
porta: (당신은) 신는다(*inf.* portare → p. 112).
Il 40: 40 사이즈. 약 260cm
questa: 이것. 명사 scarpa를 수식하는 지시대명사 (→ p. 38).
una scarpa: 구두.
comoda: 편안한.
quanto viene? 얼마죠? 얼마입니까? **quanto:** 얼마의(→ p. 148).
viene: 오다. 가격이 나가다(*inf.* venire → p. 116).
un po' di sconto 약간의 할인. **un po' di:** 약간의.

여자 점원 : 안녕하세요, 선생님! 말씀하세요!

민수 : 안녕하세요. 굽이 낮은 저 구두를 보고 싶습니다.

여자 점원 : 알겠습니다. 몇 사이즈를 신으시나요?

민수 : 40입니다.

여자 점원 : 여기 있습니다. 이것은 매우 편안한 구두입니다.

민수 : 얼마죠?

여자 점원 : 70 유로입니다.

민수 : 조금 할인해 주세요.

Espressione

✓ Quanto costa? 얼마입니까?

물건 가격을 문의할 때 사용하는 표현이다. 이 외에도 다음과 같은 표현이 주로 사용된다.
Quanto viene? 얼마죠?
Quanto viene questa giacca? 이 재킷 얼마죠?

✓ Un po' di sconto, per favore! 조금 할인해 주세요.

이탈리아는 여름의 경우 7월 말 경에, 겨울의 경우는 2월에 정기 할인을 한다. 이 때가 되면 이곳저곳의 진열장에서 "SALDI! 혹은 SCONTO!(할인)"라는 커다란 문구를 볼 수 있다. 정찰제가 대부분이지만 가게에서 여전히 가장 많이 사용되는 표현이 아닐까 생각한다. 이와 유사한 표현은 다음과 같다.

Sconto, per favore! 할인해 주세요.
Potrebbe farmi lo sconto? 할인 해 주시겠어요?
Mi può fare un po' di sconto? 조금 할인해 주시겠어요?

좀 더 구체적으로 10%(20%...) 할인 해주세요라고 말할 경우는 다음과 같다.

10(dieci) percento di sconto, per favore! 10% 할인해 주세요.
Potrebbe farmi 20(venti) percento di sconto? 20% 할인 해 주시겠어요?
Mi può fare 30(trenta) percento di sconto? 30% 할인해 주시겠어요?

아마도 위와 같이 할인을 요구하면 판매원은 대부분 이렇게 대답할 것이다.
No, non posso. 안돼요. 할 수 없어요.
Abbiamo i prezzi fissi. 우리는 정찰제예요.

◉ Grammatica

✐ 직설법 현재 : 규칙 동사

이탈리아어 동사는 말하는 사람이 표현하는 방식과 시제에 따라 그 형태가 변화한다. 이곳에서는 현재의 객관적인 사실을 표현하는 직설법 현재 형태 중에서 규칙 형태를 알아보자.

1) 규칙 동사.

① -are 동사 : parlare 등

Parlare(말을 하다) 동사의 직설법 현재 형태.

(io) parlo	(noi) parliamo
(tu) parli	(voi) parlate
(lui/lei/Lei) parla	(loro) parlano

예 : Parlo l'italiano. 나는 이탈리아어를 말할 줄 안다.

② -ere 동사 : mettere 등

Mettere(~을/를 놓다) 동사의 직설법 현재 형태.

(io) metto	(noi) mettiamo
(tu) metti	(voi) mettete
(lui/lei/Lei) mette	(loro) mettono

예 : Metto il mio libro sul tavolo. 나는 내 책을 탁자 위에 놓는다.

③ -ire 동사 : 어미가 -ire로 끝나는 동사는 두 가지 형태가 있다.

제1형태 : Sentire(~을/를 듣다, ~을/를 느끼다) 동사의 직설법 현재 형태.

(io) sento	(noi) sentiamo
(tu) senti	(voi) sentite
(lui/lei/Lei) sente	(loro) sentono

예 : Sento la nostalgia. 나는 향수를 느낀다.

제2형태 : Capire(~을/를 이해하다) 동사의 직설법 현재 형태.

(io) capisco	(noi) capiamo
(tu) capisci	(voi) capite
(lui/lei/Lei) capisce	(loro) capiscono

finire(~을/를 끝내다), spedire(~을/를 우송하다), costruire(~을/를 만들다, 건설하다) 등도 동일한 형태로 변화한다.

예 : Capisco la tua situazione. 나는 네 상황을 이해한다.

Cultura

중소기업 중심의 나라

이탈리아 기업은 90%가 20~30명 정도로 구성된 중소기업이다. 또한 이들 대부분은 가족에 의해 운영되는 가족회사(Azienda familiare)로서 가문 대대로 이어져 내려온 수공업을 바탕으로 하고 있다. 전세계에 매장을 두고 있는 Benetton의 경우가 하나의 대표적인 예라고 할 수 있을 것이다. 이처럼 수공업을 바탕으로 하면서 디자인을 가미한 이탈리아적인 제품들은 대표적인 대기업 하나 없는 이탈리아가 G8의 일원으로서 세계경제의 중심적인 위치를 유지하고 있는 가장 중요한 버팀목일 것이다.

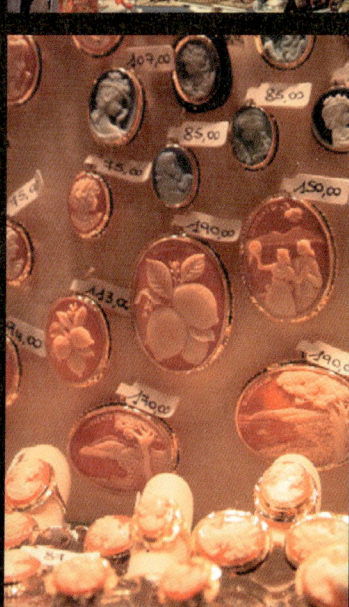

Per il duty free, come devo fare?
뻬르 일 듀티 프리, 꼬메 데보 파레?
듀티프리를 하고 싶은데, 어떻게 해야 하죠?

쇼핑을 끝낸 민수, 구두 가게 점원에게 duty free를 어떻게 해야 하는지 문의한다.

 Dialogo

Minsu : Per il duty free, come devo fare?
뻬르 일 듀티 프리, 꼬메 데보 파레?
Commessa : La prego di compilare questo modulo.
라 쁘레고 디 꼼삘라레 꿰스또 모둘로.
Minsu : Ecco fatto!
에꼬 파또!
Commessa : Porti questa copia all'ufficio del duty free al centro o all'aeroporto.
뽀르띠 꿰스따 꼬삐아 알루피쵸 델 듀티 프리 알 첸뜨로 오 알아에로뽀르또.
Le faranno subito il rimborso in contanti o accrediteranno i soldi
레 파란노 수비또 일 림보르소 인 꼰딴띠 오 아끄레디떼란노 이 솔디
sulla Sua carta di credito.
술라 수아 까르따 디 끄레디또.
Minsu : Ho capito. Ma oltre a questa copia, che cosa dovrei portare?
오 까삐또. 마 올뜨레 아 꿰스따 꼬삐아, 께 꼬자 도브레이 뽀르따레?
Commessa : Il passaporto e il biglietto aereo.
일 빠사뽀르또 에 일 빌리에또 아에레오.
Minsu : Grazie! Lei è molto gentile!
그라찌에! 레이 에 몰또 젠띨레!

Vocabolario

devo (나는) ~을/를 해야만 한다(*inf.* dovere → p. 52).
La prego di~ 당신은 ~하세요.
prego (나는) ~을/를 요구한다(*inf.* pregare → p. 158).
  pregare di ~: ~하는 것을 요구하다, 기원하다.
compilare ~을/를 작성하다.
questo modulo 이 양식.
Ecco fatto! 자, 했다. 자, 되었다.
fatto 동사 fare(~을/를 하다)의 과거분사 형태.
porti (당신은) ~을/를 가져가라! 동사 portare의 접속법 현재 3인칭 단수 형태로, 이곳에서는 상대방에 대한 격식 명령(→ p. 204) 형태로 사용되었다.
al centro 시내에.

Le 당신에게(→ p. 80).
faranno (그들은) ~을/를 할 것이다(*inf.* fare → p. 94).
il rimborso 결재, 돌려줌.
in contanti 현금으로. contanti: 현금.
accrediteranno (그들은) 돈을 넣다 (*inf.* accrediterare).
i soldi 돈(錢).
sulla Sua carta di credito 당신의 신용카드에.
ho capito (나는) 이해를 했다. 동사 capire의 직설법 근과거 형태(→ p. 108).
oltre a~ ~이외에.
dovrei (나는) ~을/를 해야만 한다(*inf.* dovere → p. 52).

민수 : 듀티프리를 하고 싶은데, 어떻게 해야 하죠?

여자 점원 : 이 양식을 작성하세요.

민수 : 자, 했습니다.

여자 점원 : 이 사본은 시내나 공항에 있는 듀티프리 사무소에 가지고 가세요. 그들이 즉시 현금으로 돌려주거나 당신의 신용카드로 돈을 넣을 겁니다.

민수 : 알겠습니다. 그런데 이 사본 외에 무엇을 가져가야 하죠?

여자 점원 : 여권과 비행기 티켓요.

민수 : 감사합니다. 당신은 매우 친절하시군요.

Espressione

La prego di compilare questo modulo. 이 양식을 작성하세요.

상대방에게 어떤 것인가를 정중히 요구할 때 사용하는 표현이다. 동사의 명령법 변화 형태를 모를 경우에 "La prego di + 동사원형"의 형태를 사용해서 매우 유용하게 사용할 수 있다.

La prego di provare questo abito. 이 양복을 입어 보세요.
La prego di assaggiare questo vino. 이 포도주를 맛보세요.

서로 잘 아는 친한 사이에는 'La' 대신에 'Ti'를 사용하면 된다.

Ti prego di stare zitto. 조용히 좀 해 줄래.
Ti prego di studiare un po' per l'esame. 시험을 위해 공부 좀 해라.

Lei è molto gentile! 당신은 매우 친절하시군요.

이탈리아인들은 남에게 감사를 표현하는데 그리 인색하지 않은 편이다. 다른 사람으로부터 아주 작은 도움을 받았을지라도 상대방에게 고맙다는 말 이외에 위와 같은 표현을 덧붙이는 경우가 대부분이다. 상기한 표현을 서로 잘 아는 사이에 사용할 경우는 "Sei molto gentile!"라고 하면 된다. 상대방을 칭찬하는 경우의 대표적인 표현인 "잘한다, 훌륭하다"를 의미하는 Bravo!는 성수일치에 따라 다음과 같이 사용한다.

남성 단수에게 : Bravo!
여성 단수에게 : Brava!
남성 복수에게 : Bravi! (남녀 혼성의 경우도 마찬가지).
여성 단수에게 : Brave!

●•Grammatica

✎ 직설법 현재 : 불규칙 동사

이곳에서는 대표적인 불규칙 형태를 갖는 동사를 살펴보자.

① Bere(~을/를 마시다) 동사의 직설법 현재 형태.

(io) bevo	(noi) beviamo
(tu) bevi	(voi) bevete
(lui/lei/Lei) beve	(loro) bevono

예 : Bevo un litro di latte ogni giorno. 나는 매일 1리터의 우유를 마신다.

② Dire(~을/를 말하다)

(io) dico	(noi) diciamo
(tu) dici	(voi) dite
(lui/lei/Lei) dice	(loro) dicono

예 : Dico sempre la verità. 나는 항상 진실을 말한다.

③ Fare(~을/를 하다) 동사의 직설법 현재 형태.

(io) faccio	(noi) facciamo
(tu) fai	(voi) fate
(lui/lei/Lei) fa	(loro) fanno

예 : Faccio la doccia ogni sera. 나는 매일 저녁 샤워를 한다.

④ Uscire(외출하다)

(io) esco	(noi) usciamo
(tu) esci	(voi) uscite
(lui/lei/Lei) esce	(loro) escono

예 : Esco di casa la mattina presto per lavoro. 나는 일 때문에 아침 일찍 집을 나선다.

⑤ Venire(오다) 동사의 직설법 현재 형태.

(io) vengo	(noi) veniamo
(tu) vieni	(voi) venite
(lui/lei/Lei) viene	(loro) vengono

예 : Vengo da Roma. 나는 로마에서 온다.

Cultura
이탈리아에서의 쇼핑

이탈리아에서의 쇼핑은 크게 개별 매장, 백화점, 아울렛 매장으로 구분할 수 있다. 우리가 알고 있는 유명 제품들은 거의 모두가 개별 매장을 통해 판매된다. 리나쉔떼(Rinascente) 혹은 꼬인(Coin) 같은 백화점의 경우는 고가의 제품보다는 중가격대의 제품을 주로 취급한다. 백화점에서 이런 저런 물건을 구입하는 경우는 구입한 물건을 한꺼번에 모아서 duty free 서비스를 받을 수 있어서 편리한 점이 있다. 아울렛 매장은 약간 교외지역에 위치하고 있어서 시간적으로 여유가 있는 경우에 방문할 수 있다.

Episodio 8

24 사진 한 장 찍어 주시겠어요?   25 저는 지갑을 잃어버렸어요.
26 몇 시에 아시시행 다음 기차가 있나요?   27 유로스타는 상당히 편하네요.

민수, 폼페이에서...

Mi può fare una foto? 사진 한 장 찍어주시겠어요?
미 뿌오 파레 우나 포또?

폼페이 유적지를 구경하다가 지나가는 사람에게 사진을 찍어 달라고 부탁하는 민수.

 Dialogo

Minsu: Senta! Mi può fare una foto?
센따! 미 뿌오 파레 우나 포또?

Passante: Sì, volentieri!.. Uno, due, tre! Ecco fatto!
시, 볼렌띠에리!.. 우노, 두에, 뜨레! 에꼬 파또!

Minsu: Grazie... ma ancora un'altra, per favore.
그라찌에... 마 앙꼬라 우날뜨라, 뻬르 파보레.

Passante: Va bene!... Ecco fatto!
바 베네!... 에꼬 파또!

Minsu: Grazie mille... Lei è molto gentile.
그라찌에 밀레... 레이 에 몰또 젠띨레.

Passante: Di niente!
디 니엔떼!

Vocabolario

Senta! 여보세요! 지나가는 사람을 부를 때 사용.
Mi può fare~ (당신은) 나에게 ~해 줄 수 있다.
mi 나에게. 간접목적인칭대명사 약형 1인칭 단수 형태 (→ p. 80).
può (당신은) ~을/를 할 수 있다(*inf.* potere → p. 52).
fare ~을/를 하다.
una foto 사진.
passante 행인.
volentieri.. 기꺼이...
uno 하나. **due** 둘. **tre** 셋.
Ecco fatto! 자, 했습니다. 자, 되었다. ecco: 여기에 ~이 있다.

fatto 동사 fare(~을/를 하다)의 과거분사 형태.
ma 그러나, 하지만.
ancora 다시.
un'altra 다른 것. una altra의 축약 형태.
per favore 영어의 please!에 해당하는 표현으로 공손함을 나타낸다.
Va bene!... 좋다. andare bene: 좋다.
Lei è ~ 당신은 ~이다. Lei: 당신. 주격인칭대명사 3인칭 단수 형태(→ p. 16). è: (당신 Lei)은 ~이다 (*inf.* essere → p. 16).
molto 매우.
gentile 친절한.
Di niente! 천만에요. 아무것도 아니에요.

민수 : 여보세요! 사진 한 장 찍어주시겠어요?
행인 : 예, 물론이죠. 하나, 둘, 셋! 자, 됐습니다.
민수 : 감사합니다... 한 장 더 찍어주세요.
행인 : 좋습니다... 자 됐습니다.
민수 : 대단히 감사합니다... 매우 친절도 하셔라.
행인 : 천만에요.

◉• Espressione

Mi può fare una foto? 사진 한 장 찍어주시겠어요?

상대방에게 어떤 것인가를 해달라고 부탁할 때 경우에는 격식적인 표현으로 "Mi può fare ~?" 혹은 "Potrebbe farmi ?", 서로 잘 아는 사이에는 "Mi puoi fare ~?" 혹은 "Potresti farmi ~?"를 주로 사용한다.

Signor Paolo, potrebbe farmi un favore? 빠올로씨, 부탁 좀 해도 될까요?

동사 fare 대신에 다양한 동사를 사용해서 자신의 의사를 표현할 수 있다.

Carlo, puoi prestarmi una penna un attimo?
까를로, 내게 펜을 잠깐 빌려주겠니?

Signorina Maria, mi può dare una mano, per favore? 마리아양, 저를 도와주시겠어요?
La mia macchina fotografica (digitale) ha qualche probelma.
제 (디지털) 사진기가 약간 문제가 있습니다.

요즘은 대부분 디지털 카메라로 사진을 찍지만, 아직까지도 필름을 사용하는 기계식 카메라를 사용하는 사람도 있다. 이들을 위한 표현을 몇 가지 알아보자.

Vorrei un rullino da 24. 저는 24방짜리 필름 한 통을 원합니다.
Vorrei comprare un rullino per diapositive. 저는 슬라이드용 필름 한 통을 구입하고 싶습니다.

Potrebbe sviluppare(stampare) questo rullino? 이 필름을 현상(인화)해 주시겠어요?
Questo è il negativo. 이것이 원판입니다.

⊙ Grammatica

✏️ **명사의 성과 수 3 : 예외적 형태들.**

제2과(→ p. 20)와 3과(→ p. 24)에서 보았듯이 이탈리아어 명사들은 대부분 –o로 끝나는 경우는 남성, –a로 끝나는 경우는 여성이다. 하지만 다음은 예외적인 경우이다.

1) –o로 끝나지만 여성 단수인 명사들.

　　　단수　　　　　복수
　la mano 손(手)　→ le mani
　la foto 사진　　 → le foto
　la radio 라디오 　→ le radio
　la moto 오토바이→ le moto

2) –a로 끝나지만 남성 단수인 명사들.

　　　단수　　　　　　복수
　il panorama 파노라마 → i panorami
　il problema 문제　　 → i problemi
　il sistema 시스템　　→ i sistemi

　　* –ma로 끝나는 단어들은 대부분 남성 단수로 취급한다.

3) 단수 및 복수형태가 동일한 경우

다음의 경우는 명사의 단수와 복수의 형태가 동일하다. 이 경우에는 '관사'로 단수와 복수를 구별한다.

① –à, –è, –i(–ì), –ò, –ù로 끝나는 명사들.

　　　단수　　　　　복수
　la città 도시　　→ le città
　il caffè 카페, 커피 → i caffè
　la crisi 위기　　 → le crisi
　il falò 들불　　 → i falò
　la virtù 덕행　　→ le virtù 　* 마지막 모음이 –ù로 끝나는 경우는 대부분 여성.

② 단어에 모음(a, e, i, o, u)이 단 한 개인 경우. 이 경우도 단수와 복수의 구별은 '관사'로 한다.
　예 : il re → i re 왕들, la gru → le gru 학(鶴)들

③ 단어의 끝이 자음으로 끝나는 경우. 이와 같은 단어는 대부분 외래어의 경우로, **남성 단수**로 취급한다. 단수와 복수의 구별은 '관사'로 한다.
　예 : il bar 바 → i bar, il gas 가스 → i gas, lo sport 스포츠 → gli sport

Cultura

깐쪼네(Canzone)

흔히 우리는 '이탈리아 노래'를 Canzone(깐쪼네)라고 부르지만, 사실 Cazone라는 단어에는 '이탈리아'라는 의미가 포함되어 있지는 않다. 단순히 '노래'라는 의미일 뿐이다. 이 Canzone라고 불리는 이탈리아 노래들이 우리나라에 많이 알려지게 된 것은 1960년대에서 1970년대이다. 특히 이탈리아 북서부에 위치한 지중해의 휴양지인 산레모(Sanremo)에서 1951년부터 매년 개최되는 산레모 가요제(Festival della canzone italiana)는 이탈리아의 대중가요를 전세계에 널리 알리는데 많은 기여를 했다. 현재 우리나라에도 잘 알려진 Eros Ramazotti, Andrea Bocelli, Laura Pausini, Giorgia 등도 산레모 가요제 출신이다.

입에서 톡 독학 이탈리아어 첫걸음

Ho perso il portafoglio. 저는 지갑을 잃어버렸습니다.
오 뻬르소 일 뽀르따폴리오.

 지갑을 잃어버린 민수, 경찰서를 찾아간다.

 Dialogo

Agente : Si accomodi! Mi dica!
시 아꼬모디! 미 디까!

Minsu : Ho perso il portafoglio.
오 뻬르소 일 뽀르따폴리오.

Agente : Che cosa aveva dentro?
께 꼬자 아베바 덴뜨로?

Minsu : C'erano i soldi e dei documenti.
체라노 이 솔디 에 데이 도꾸멘띠.

Agente : C'era anche il passaporto?
체라 앙께 일 빠사뽀르또?

Minsu : Sì, purtroppo.
시, 뿌르뜨롭뽀.

Agente : Allora deve fare subito la denuncia.
알로라 데베 파레 수비또 라 데눈치아.

La prego di compilare questo modulo.
라 쁘레고 디 꼼삘라레 꿰스또 모둘로.

Vocabolario

agente 경찰.
ho perso (나는) ~을/를 잃었다. 동사 perdere의 직설법 근과거 형태(→ p. 108).
il portafoglio 지갑.
aveva (당신은) 가지고 있었다(*inf.* avere → p. 126).
dentro 안에, 내부에.
c'erano~ ~들이 있었다. ci erano의 축약 형태.
erano ~있었다(*inf.* essere → p. 126).
e 그리고.
dei documenti 서류들. dei: di+i 전치사관사. 이곳에서는 부분관사로 사용되었다.

documenti 서류들.
c'era~ : ~이 있었다. ci era의 축약 형태.
era ~있었다(*inf.* essere → p. 126).
purtroppo 불행하게도.
allora 그렇다면.
deve (당신은) ~을/를 해야만 한다(*inf.* dovere → p. 52).
fare ~을/를 하다.
la denuncia 신고.
compilare ~을/를 작성하다.
questo modulo 이 양식.

경찰 : 앉으십시오! 말씀하세요!
민수 : 저는 지갑을 잃어버렸습니다.
경찰 : 뭐가 들어 있었죠?
민수 : 돈하고 서류들이 있었어요.
경찰 : 여권도 있었나요?
민수 : 예, 불행히도.
경찰 : 그렇다면 당신은 즉시 신고를 해야 합니다.
　　　이 양식을 작성하세요.

Espressione

Ho perso il portafoglio. 저는 지갑을 잃어버렸습니다.

"Ho perso ~"는 본인이 어떠한 것을 잃어버렸을 경우에 사용하는 직설법 근과거(→ p. 108) 표현으로 다음과 같은 여러 경우에 활용할 수 있다.

A: Signorina, che cosa ha perso? 아가씨, 무엇을 잃어버리셨나요?
B: **Ho perso** la mia borsetta. 저는 제 핸드백을 잃어버렸습니다.

A: Maria, perché sei ritornata a casa? 마리아, 너는 왜 집에 돌아왔니?
B: Perché **ho perso** il treno. 나는 기차를 놓쳤기 때문이야.

Allora deve fare subito la denuncia. 그렇다면 당신은 즉시 신고를 해야 합니다.

상대방이 무엇인가를 즉시 해야 할 경우에 권고하는 표현으로, 다음과 같이 좀 더 유연하게 표현 할 수 도 있다.

A: Ho mal di pancia. 전 배가 아파요.
B: Allora **doveva** andare subito dal medico.(doveva → p. 126).
　　그렇다면 당신은 즉시 병원에 가야만 해요.

A: Mia moglie sta male e rimane da sola a casa.
　　내 아내가 몸이 좋지 않아요. 그래서 집에 혼자 남아 있습니다.
B: Allora è **meglio** tornare subito a casa.
　　그렇다면 당신은 즉시 집으로 돌아가는 것이 좋겠어요.

Grammatica

✏️ 직설법 반과거 형태

	essere	avere	-are	-ere	-ire
			parlare	dovere	partire
Io	ero	av**evo**	parl**avo**	dov**evo**	part**ivo**
Tu	eri	av**evi**	parl**avi**	dov**evi**	part**ivi**
Lui, Lei	era	av**eva**	parl**ava**	dov**eva**	part**iva**
Noi	eravamo	av**evamo**	parl**avamo**	dov**evamo**	part**ivamo**
Voi	eravate	av**evate**	parl**avate**	dov**evate**	part**ivate**
Loro	erano	av**evano**	parl**avano**	dov**evano**	part**ivano**

과거에 실제로 발생했던 사건을 나타내는 직설법 반과거는 다음과 같은 경우에 사용된다.

1. 과거에 있어서의 동시 상황을 나타낸다.
    Ieri mentre **ascoltavo** la radio, **facevo** cena.
    어제 나는 라디오를 들으며, 저녁 식사를 했다.

2. 과거의 규칙적인 습관을 나타낸다.
    L'anno scorso **studiavo** l'italiano fino a tardi.
    나는 작년에 늦게까지 이탈리아어를 공부하곤 했다.

3. 먼저 일어나서 진행 중인 사건을 나타낸다.
    Ieri mentre **ritornavo** dalla scuola, ho incontrato Anna.
    어제 나는 학교에서 돌아오다가 안나를 만났다.

4. 과거의 상황 또는 인물을 묘사하기 위해 사용한다.
    Era una bella giornata. 아름다운 날이었다.

5. 과거의 신체적, 심리적 특징을 나타낼 때 사용한다.
    Ieri Carlo **era** stanco. 어제 까를로는 피곤했다.
    Ieri Maria **era** contenta del suo lavoro. 어제 마리아는 자신의 일에 대해 만족했다.

6. 공손한 요구를 나타내기 위해 사용한다.
    Volevo due bottiglie d'acqua minerale. 저는 생수 두 병을 원합니다.

Cultura

이탈리아 자동차

이탈리아는 소형차의 신화인 칭퀘첸또(Cinquecento)에서 스포츠카의 대명사인 페라리(Ferrari)와 람보르기니(Lamborghini), 국민차인 피아트(Fiat)에 이르기까지 여러 종류의 자동차를 생산하는 국가이다. 엔진의 마력이 500cc라서 이름 붙여진 '칭퀘첸또'(500)는 1960년대에 생산된 공랭식 자동차이지만 거의 50년이 지난 현재에도 거리의 구석구석을 누비고 다니고 있으며, 이를 현대적으로 개조하여 페라리 못지않은 속도(?)로 질주하는 사람들도 심심찮게 보인다. 얼마 전에 칭퀘첸또의 신형이 출시되어 다시 한 번 이탈리아인들의 향수를 자극하고 있다.

A che ora c'è il prossimo treno per Assisi?
아 께 오라 체 일 쁘로시모 뜨레노 뻬르 아시시?
몇 시에 아시시행 다음 기차가 있나요?

 나폴리역에서 아시시행 기차표를 구입하는 민수.

🎧 Dialogo

Minsu: A che ora c'è il prossimo treno per Assisi?
아 께 오라 체 일 쁘로시모 뜨레노 뻬르 아시시?

Impiegato: C'è l'Eurostar delle 17 e 30. Ma deve cambiare il treno a Roma.
체 레우로스따르 델레 디치아세떼 에 뜨렌따. 마 데베 깜비아레 일 뜨레노 아 로마.

Minsu: Devo prenotare?
데보 쁘레노따레?

Impiegato: Sì, la prenotazione è obbligatoria.
시, 라 쁘레노따찌오네 에 오블리가또리아.

Deve anche pagare il supplemento rapido.
데베 앙께 빠가레 일 수쁠레멘또 라삐도.

Minsu: Bene. Mi dia un biglietto di seconda classe per Assisi, solo andata.
베네. 미 디아 운 빌리에또 디 세꼰다 끌라세 뻬르 아시시, 솔로 안다따.

Impiegato: Sono 50 euro... ma si affretti perché il treno sta arrivando.
소노 칭꽌따 에우로... 마 시 아프렛띠 뻬르께 일 뜨레노 스따 아리반도.

Minsu: Grazie!
그라찌에!

🔵 Vocabolario

il prossimo treno 다음 기차.
impiegato 남자 사무원. 여자 사무원은 impiegata.
l'Eurostar 유로스따. 이탈리아 초고속 열차.
deve (당신은) ~을/를 해야만 한다(*inf.* dovere → p. 52).
devo (나는) ~을/를 해야만 한다(*inf.* dovere → p. 52).
la prenotazione 예약.
obbligatoria 의무적인, 강제적인.
pagare ~을/를 지불하다.
il supplemento rapido 고속 추가 요금.
  supplemento: 추가 요금.
mi dia~ 내게 ~을/를 주십시오. mi: 내게. 간접목적 인칭대명사 약형 1인칭 단수 형태.
dia ~을/를 주다(*inf.* dare → p. 88). 상대방에 대한 격식 명령 형태.
seconda classe 이등칸.
solo andata 편도. solo: 단지, 오로지. andata: 가는 것. 왕복은 andata e ritorno.
si affretti (당신은) 서두르세요(*inf.* affrettarsi). 상대방에 대한 격식 명령 형태.
perché 왜냐하면.
sta arrivando (기차가) 도착하는 중이다. sta: ~이다(*inf.* stare → p. 34). arrivando: 동사 arrivare의 제룬디오 형태(→ p. 162).

민수 : 몇 시에 아시시행 다음 기차가 있나요?
사무원 : 17시 30분에 유로스타가 있습니다. 하지만 로마에서 바꿔타야 합니다.
민수 : 예약을 해야만 하나요?
사무원 : 예. 예약은 의무사항입니다.
         고속 추가 요금도 내셔야 합니다.
민수 : 좋습니다. 제게 아시시행 2 등칸, 편도표 한 장 주십시오.
사무원 : 50유로입니다. 그런데 서두르세요. 기차가 도착하고 있어요.
민수 : 감사합니다.

Espressione

Mi dia un biglietto di seconda classe per Assisi, solo andata.
제게 아시시행 2 등칸, 편도표 한 장 주십시오.

이 표현은 기차표를 구입할 때 유용하게 사용할 수 있는 표현이다. 이 표현을 응용하여 상황에 맞게 표를 구입해보자.

Mi dia un biglietto di seconda classe per Assisi, andata e ritorno.
제게 아시시행 2 등칸, 왕복표 한 장 주십시오.

Mi dia due biglietti di prima classe per Assisi, solo andata.
제게 아시시행 1 등칸, 편도표 두 장 주십시오.

Il treno sta arrivando. 기차가 도착하고 있다.

이 표현은 "기차가 도착하고 있는 중이다"라는 현재 진행 상태를 나타내는 표현이다. 이와 같은 현재 진행 표현은 "Stare+제룬디오" 형태를 이용한다. '제룬디오' 형태를 만드는 방법은 문법 부분의 설명을 참고하기 바란다(→ p. 162).
Sto prendendo un caffè. 나는 커피를 마시고 있는 중이다.
Sto finendo il mio lavoro. 나는 일을 끝내는 중이다.

위에 사용한 stare 동사를 사용하여 '지금 막 ~하려고 한다'는 표현을 할 수 있다. 이 경우에는 "Stare+per+동사원형"의 형태를 사용한다.
Sto per prendere un caffè. 나는 지금 막 커피를 마시려고 한다.
Sto per finire il mio lavoro. 나는 지금 막 일을 끝내려고 한다.

◎ Grammatica

✍ 정관사 : 정관사는 이미 정해진 사물 앞에 사용한다.

1. 남성 단수 형태 : **il/lo(l')**

il: 자음으로 시작되는 남성 단수 명사 및 형용사 앞에 사용한다.
   예: **il** libro 그 책, **il** ragazzo 그 소년, **il** bambino 그 남자 아이, **il** bicchiere 그 컵

lo(l'): 모음으로 시작되는 남성 단수 명사 또는 형용사와 s+자음, z, gn, pn, ps, x로 시작되는 남성 단수 명사 또는 형용사 앞에 사용한다. 모음으로 시작되는 남성 단수 명사 또는 형용사 앞에서는 축약형(l')을 사용한다.
예: **l'**amico 그 친구, **lo sp**ettacolo 그 공연, **lo s**chizzo 그 스케치, **lo** studente 그 학생

2. 남성 복수 형태 : **il → i / lo → gli**

예 : **il** libro → **i** libri 그 책들, **il** ragazzo → **i** ragazzi 그 소년들,
   il bambino → **i** bambini 그 남자 아이들, **il** bicchiere → **i** bicchieri 그 컵들
예 : **l'**amico → **gli** amici 그 친구들, **lo sp**ettacolo → **gli** spettacoli 그 공연들,
   lo schizzo → **gli** schizzi 그 스케치, **lo** studente → **gli** studenti 그 학생들

3. 여성 단수 형태 : **la(l')**

la(l'): 여성 단수 명사 또는 형용사 앞에 사용한다. 모음으로 시작되는 여성 단수 명사 또는 형용사 앞에서는 축약형(l')을 사용한다.
예: **la** casa 그 집, **la** matita 그 연필, **l'**edicola 그 신문 판매대

4. 여성 복수 형태: **la(l') → le**

예: **la** casa → **le** case 그 집들, **la** matita → **le** matite 그 연필들,
   l'edicola → **le** edicole (l'edicole도 가능) 신문 판매대들

정관사는 정해진 사물 앞에 사용되는 경우 이외에도 다음과 같은 경우에 사용된다.
1) 말하는 사람과 듣는 사람 모두 확실히 알고 있는 것을 지시할 때 사용한다.
   Il libro è rosso. 그 책은 빨갛다.
2) 앞서 말한 것을 지시할 때 사용한다.
   Ecco una penna. **La** penna è sul tavolo. 여기 펜이 있다. 그 펜은 책상 위에 있다.
3) 단 하나 밖에 없는 사물을 지시하는 명사 앞에 사용한다.
   il sole 태양, **la** terra 지구, **la** luna 달.
4) 대륙, 국가, 강, 산 등의 고유명사 앞에 사용한다.
   l'Asia 아시아, **l'**Europa 유럽, **la** Corea 한국, **l'**Italia 이탈리아, **Il** Po 포강,
5) 종(種) 전체를 나타낼 때 사용한다.
   L'uomo è mortale. 인간은 죽는다.

Cultura

이탈리아 기차

유럽의 다른 나라들과 마찬가지로 이탈리아 철도는 매우 활성화되어 있다. 이탈리아 기차는 이탈리아 국내의 주요 도시를 연결하는 Intercity, 유럽 주요 도시를 연결하는 Eurocity, 초고속 열차 Eurostar, 야간에 주로 운행하는 Espresso, 1~2시간의 거리만을 운행하며 모든 역에 정차하는 locale 등 그 종류가 매우 다양하다. 또한 기차에 따라서 일하는 날인 월요일에서 금요일까지만 운행하는 열차, 토요일만 운행하는 열차, 공휴일에만 운행하는 열차 등 종류가 다양하므로 기차 시간표를 살펴볼 때 주의를 기울여야 한다.

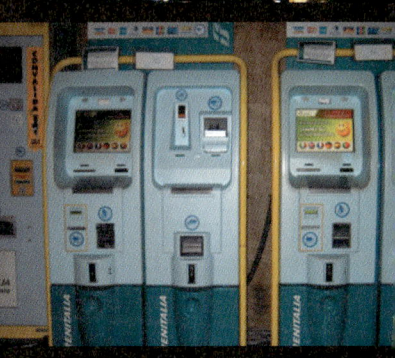

L'Eurostar è abbastanza comodo.
레우로스따르   에 아바스딴짜   꼬모도.

유로스타는 상당히 편안하네요.

기차에 오른 민수, 옆에 앉은 이탈리아 아주머니와 대화를 나눈다.

 **Dialogo**

Minsu : Buona sera signora!
부오나 세라, 시뇨라!

Una signora : Buona sera!
부오나 세라!

Minsu : Vorrei sedermi al mio posto.
보레이 세데르미 알 미오 뽀스또.

Una signora : Prego! Si accomodi!
쁘레고! 시 아꼬모디!

Minsu : Grazie... L'Eurostar è abbastanza comodo.
그라찌에... 레우로스따르 에 아바스딴짜 꼬모도.

Una signora : Sì, è anche molto veloce.
시, 에 앙께 몰또 벨로체.

Minsu : Anche nel mio Paese, in Corea, c'è un treno che corre fino al
앙께 넬 미오 빠에제, 인 꼬레아, 체 운 뜨레노 께 꼬레 피노 알
300 Km all'ora.
뜨레첸또 낄로메뜨리 알로라.

Una signora : Ah! Sì? Come si chiama quel treno?
아! 시? 꼬메 시 끼아마 꿸 뜨레노?

Minsu : Si chiama KTX.
시 끼아마 까빠띠익스.

Vocabolario

sedermi 내가 앉다(*inf.* sedersi → p. 102).
al mio posto 내 자리에.
mio 나의.(→ p. 66).
posto 자리.
Prego! 그렇게 하세요.
abbastanza 꽤, 상당히.
comodo 편안한.
veloce 빠른.
nel mio Paese 내 나라에. nel: in+il 전치사관사.
  in: ~곳에.
Paese 국가, 나라. P가 대문자임에 유의. p를 소문자

로 사용하면(paese) '마을', '동네' 라는 의미이다.
che 관계대명사(→ p. 134).
corre (기차가) 달리다(*inf.* correre → p. 158).
fino al 300Km 300킬로미터까지.
  fino a~: ~까지.
all'ora 시간당. alla ora의 축약 형태. alla: a+la 전치사관사.
quel treno 그 기차. quel: 그, 저. 뒤에 위치한 명사 treno를 수식하는 지시형용사. 명사 treno가 남성 단수이므로 명사와 형용사의 성수일치에 의해 quel 이다.(→ p. 38).

민수 : 안녕하세요, 부인.
아주머니 : 안녕하세요.
민수 : 제 자리에 앉겠습니다.
아주머니 : 그렇게 하세요. 앉으세요.
민수 : 감사합니다... 유로스타는 상당히 편안하네요.
아주머니 : 예, 또한 빠르기도 해요.
민수 : 우리나라 한국에도 시속 300킬로미터까지 달리는 기차가 있어요.
아주머니 : 아, 그래요? 그 기차 이름이 뭐에요?
민수 : KTX라고 합니다.

Espressione

✓ Quanto costa? 얼마입니까?

C'è un treno che corre fino al 300Km all'ora. 시속 300킬로미터까지 달리는 기차가 있어요. 흔히 '한 시간에 얼마', 'kg에 얼마' 하는 표현을 하고자 할 경우에는 전치사 'a'를 사용한다.

A: Quanto costa questa pancetta? 이 삼겹살 얼마죠?
B: 10 euro al chilo. 킬로당 10유로에요.

A: Quanto costa per noleggiare questa macchina? 이 자동차를 빌리는데 얼마죠?
B: 70 euro al giorno. 하루에 70 유로에요.

✓ Come si chiama quel treno? 그 기차 이름이 뭐에요?

제 1과와 제 6과에서 사용되었던 'Come si chiama~?' 라는 표현은 사물의 이름을 물어볼 때 유용하게 사용할 수 있다.

A: Come si chiama questo fiore? 이 꽃 이름이 뭐죠?
B: Si chama orchidea. 난초에요.

A: Come si chiama quella donna? 저 부인의 이름이 뭐죠?
B: Si chiama Anna. 안나에요.

 * 어떤 외국어로 사물을 뭐라고 말하는지 묻는 표현은 다음과 같다.
A: Come si dice 'amore' in coreano? 한국어로 'amore'를 뭐라고 하죠?
B: Si dice 'sarang'. '사랑' 이라고 해요.

Grammatica

관계대명사 1 : che

앞에 이미 나온 명사 또는 대명사를 받는 역할과 뒤따르는 절을 연결하는 접속사 역할을 동시에 하므로 '관계대명사'라고 한다. 대표적인 관계대명사로는 **che**, **cui**(→ p. 200), **chi**(→ p. 200)가 있다. 관계대명사 che는 문장에 따라 주어의 역할과 목적어의 역할, 그리고 앞 문장 전체를 대신하는 역할을 하며 전치사를 동반하지 않는다. 형태는 선행사에 관계없이 언제나 che이다.

1) 주어로서의 역할

① **Carla** è **una ragazza italiana**. 까를라는 이탈리아 소녀이다.
② **Lei** abita a Roma. 그는 로마에 살고 있다.
① + ② : Carla è una ragazza italiana **che**(=lei) abita a Roma.
 까를라는 이탈리아 소녀인데 그녀는 로마에 살고 있다.
 → 까를라는 로마에 살고 있는 이탈리아 소녀이다.

위 두 문장 ① 과 ②를 살펴보면 각각의 '주어가 동일'하다. 그러므로 관계대명사 che는 선행사 un ragazzo italiano를 대신하는 주어 역할을 하며 문장을 연결하는 역할을 한다.

2) 목적어로서의 역할

① **Carla** è **una ragazza italiana**. 까를라는 이탈리아 소녀이다.
② (Io) **La** incontro a Roma. 나는 그녀를 로마에서 만난다.
① + ② : **Carla** è una **ragazza italiana che** incontro a Roma.
 까를라는 이탈리아 소녀인데 나는 **그녀를** 로마에서 만난다.

위의 예문에서 문장 ①과 문장 ②의 '**주어는 동일하지 않다**'(①의 주어는 Mario, ②의 주어는 1인칭 단수인 Io 나). 이 경우 관계대명사 che는 '직접 목적 인칭대명사'인 'la(그녀를)'을 대신하는 '목적어' 역할을 하며 문장을 연결한다.

* 관계대명사 che는 선행사의 '성(性)·수(數)'에 따라 il quale, la quale, i quali, le quali로 바꿔 사용할 수 있다.
 Ho **un amico** che (= **il quale**) abita a Roma. 나는 로마에 사는 남자 친구가 있다.
 Ho **un'amica** che (= **la quale**) abita a Roma. 나는 로마에 사는 여자 친구가 있다.

3) 앞 문장 전체를 받는 역할

이 경우의 형태는 'il che'이다.

Tu lavori troppo, **il che** ti fa male. (il che = Tu lavori troppo)
너는 일을 너무 많이 한다. 그것은 네게 좋지 않다.

Cultura

'돌아오라 소렌토로'의 고향 소렌토

"돌아오라 소렌토로"는 '산타 루치아'와 더불어 우리에게 가장 널리 알려진 이탈리아 노래일 것이다. 소렌토(Sorrento)는 나폴리에서 남쪽으로 약 30분 정도의 거리에 위치하고 있는 바닷가 마을이다. 소렌토로 가는 중간에 폼페이 유적지가 있으므로 폼페이를 보고 소렌토에 들려보는 것도 좋은 방법이다. 소렌토는 카프리(Capri)섬과도 매우 가까우며, 이탈리아에서 가장 아름다운 해안인 아말피(Amalfi) 해안과 접해 있다.

Episodio 9

28 저는 이 도시의 지도와 호텔리스트를 받고 싶어요.
29 오늘 달러 환율이 어떻게 되지요?   30 이 버스는 중앙역에 가나요?

민수, 아시시에서...

입에서 톡 독학 이탈리아어 첫걸음

Vorrei avere una mappa della città e una lista degli alberghi, per favore.
보레이 아베레 운나 마빠 델라 치따 에 우나 리스따 델리 알베르기, 뻬르 파보레.

저는 이 도시의 지도와 호텔 리스트를 받고 싶습니다.

Lezione 28

아시시에 도착한 민수, 아시시에 대한 자료를 얻기 위해 관광안내소를 찾아간다.

🎧 Dialogo

Impiegata : Desidera?
데지데라?

Minsu : Vorrei avere una mappa della città e una lista degli alberghi, per favore.
보레이 아베레 운나 마빠 델라 치따 에 우나 리스따 델리 알베르기, 뻬르 파보레.

Impiegata : Eccola! Ha bisogno di altre informazioni?
에꼴라! 아 비조뇨 디 알뜨레 인포르마찌오니?

Minsu : Sì. Potrebbe indicarmi sulla mappa dove siamo noi e dov'è la Basilica di S. Francesco?
시. 뽀뜨렙베 인디까르미 술라 마빠 도베 시아모 노이 에 도베 라 바실리까 디 산 프란체스꼬?

Impiegata : Ecco, vediamo... siamo qua e deve seguire questa strada per arrivare alla Basilica.
에꼬, 베디아모... 시아모 꽈 에 데베 세귀레 꿰스따 스뜨라다 뻬르 아리바레 알라 바실리까.

Minsu : Grazie e buona giornata!
그라찌에 에 부오나 조르나따!

 Vocabolario

vorrei (나는) ~을/를 원한다(*inf.* volere → p. 42).
una mappa 지도.
della città 도시의.
degli alberghi 호텔의.
ha bisogno di ~ (당신은) ~이 필요하다. avere bisogno di~: ~이 필요하다.
bisogno 필요.
altre informazioni 다른 정보들.
potrebbe (당신은) ~을/를 할 수 있다(*inf.* potere → p. 52).
indicare ~을/를 지시하다, 나타내다.

sulla mappa 지도에. sulla: su+la 전치사관사. su: ~곳에, 위에.
dov'è~ 어디에 ~이/가 있다. dove è의 축약 형태.
la Basilica 대성당.
vediamo (우리는) 봅시다(*inf.* vedere → p. 172). 청유형 명령 형태.
siamo qua (우리는) 이곳에 있다. qua: 이곳, 여기.
seguire ~을/를 따라가다, ~을/를 찾아가다.
questa strada 이 길(questa → p. 38).
per arrivare 도착하기 위해.

138 | EBS

여자 사무원 : 도와드릴까요?

민수 : 저는 이 도시의 지도와 호텔 리스트를 받고 싶습니다.

여자 사무원 : 여기 있습니다. 다른 정보도 필요하세요?

민수 : 예. 이 지도에 우리가 있는 곳과 성 프란체스코 성당이 어디에 있는지 표시해 주시겠어요?

여자 사무원 : 자, 봅시다... 우리가 있는 곳은 여기고요,
성당에 도달하기 위해서는 이 길을 따라가야 해요.

민수 : 감사합니다. 좋은 하루 보내세요!

● Espressione

♪ Dove siamo noi? 여기가 어디죠?

모르는 곳을 찾아 가다보면 자신의 위치를 몰라 길을 헤매는 경우에 유용하게 사용할 수 있는 표현이다. 간단하게 'Dove siamo?'라는 표현도 사용할 수 있으며, 이외에도 'Dove sono (io)?'라는 표현도 많이 사용한다.

A: Dove siamo? 여기가 어디죠?
B: Siamo in via Veneto. 여기는 베네토거리에요.

A: Mi sa dire dove siamo? 여기가 어디인지 말씀해 주시겠어요?
B: Siamo in Piazza Duomo. 두오모 광장이에요.

♪ Dov'è la Basilica di S. Francesco? 성 프란체스코 성당이 어디죠?

자신이 가고자 하는 목적지가 정확히 있는 경우에 사용하는 표현이다.

A: Dov'è il Duomo? 두오모가 어디 있나요?
B: In fondo a destra. 저 끝 오른쪽에요.

A: Dov'è la stazione Termini? 테르미니 역이 어디죠?
B: Vada sempre diritto. 계속 직진하세요.

○• Grammatica

✏️ Noi(우리들)에 대한 청유형 명령법 형태.

'우리 ~하자' 혹은 '우리 ~합시다' 라는 청유형 명령법 형태는 동사의 직설법 현재 1인칭 복수 형태와 동일하다. 명령법에서는 주격인칭대명사(tu, Lei, noi, voi) 등을 사용하지 않으므로 이를 사용하지 않는다. 일반적으로 문장의 끝에 느낌표를 첨부하여 명령법임을 나타낸다. '우리 ~하지 맙시다' 라는 부정 명령 형태는 동사 앞에 'Non'을 첨가하면 된다.

	-are	-ere	-ire
	aspettare	leggere	dormire
(Noi)	Aspett**iamo**!	Legg**iamo**!	Dorm**iamo**!
(Noi) **Non**	aspett**iamo**!	legg**iamo**!	dorm**iamo**!

Aspettiamo Mario ancora 10 minuti! 마리오를 10분 더 기다리자!
Non lo aspettiamo più! 그를 더 이상 기다리지 말자!

✏️ Voi(너희들)에 대한 명령법 형태

'너희들 ~해라' 라는 voi(너희들)에 대한 명령법 형태는 동사의 직설법 현재 2인칭 복수 형태와 동일하다. 위에서 설명했듯이 명령법에서는 주격인칭대명사를 사용하지 않으므로 voi를 사용하지 않는다. 마찬가지로 문장 끝에 느낌표를 첨부하여 명령법임을 나타낸다. '너희들 ~하지 마라' 라는 부정 명령 형태는 동사 앞에 'Non'을 첨가하면 된다.

	-are	-ere	-ire
	aspettare	leggere	dormire
(Voi)	Aspett**ate**!	Legg**ete**!	Dorm**ite**!
(Voi) **Non**	aspett**ate**!	legg**ete**!	dorm**ite**!

Aspettate un attimo! 잠시만 기다려!
Non aspettate Mario! 마리오를 기다리지 마!

* '당신들 ~하세요!', '당신들 ~하지 마세요' 등 여러 명의 상대방에 대한 격식 명령은 주격인칭대명사 3인칭 복수인 Loro에 해당하는 접속법 현재 형태를 사용했으나, 현대 이탈리아어에서는 voi에 해당하는 직설법 현재 동사를 그대로 사용하고 문장의 맨 앞 혹은 맨 뒤에 'per favore!' 또는 'per cortesia' 등을 첨부해서 공손함을 표현한다.

Signorine, andate al cinema, per favore! 아가씨들, 영화 보러 가세요!
Signori, non parlate più, per cortesia! 여러분, 더 이상 말하지 마십시오!

Cultura

프란체스코 성인
(Assisi, 1182–1226)

Preghiera di San Francesco
-San Francesco

Signore,
fa di me uno strumento della tua pace,
dove c'è odio, io porti l'amore.
Dove c'è offesa, io porti l'unione.
Dove c'è errore, io porti la verità.
Dove c'è dubbio, io porti la fede.
Dove c'è disperazione, io porti la speranza.
Dove ci sono le tenebre, io porti la luce.
Dove c'è tristezza, io porti la gioia.
O Divino Maestro, che io non cerchi tanto
Di essere consolato, quanto di consolare.
Di essere compreso, quanto di comprendere.
Di essere amato, quanto di amare.
Infatti
dando, si riceve.
Dimenticandosi, si trova comprensione.
Perdonando, si è perdonati.
Morendo, si resuscita alla vita.

성 프란체스코의 기도

주여,
저를 당신의 도구로 써 주소서
미움이 있는 곳에 사랑을
다툼이 있는 곳에 용서를
분열이 있는 곳에 일치를
의혹이 있는 곳에 신앙을
그릇됨이 있는 곳에 진리를
절망이 있는 곳에 희망을
어두움에 빛을
슬픔이 있는 곳에
기쁨을 가져오는 자 되게 하소서
위로받기보다는 위로하고
이해받기보다는 이해하며
사랑받기보다는 사랑하게 하여 주소서
우리는 줌으로써 받고
용서함으로써 용서받으며
자기를 버리고 죽음으로써
영생을 얻기 때문입니다.

Qual è il corso del dollaro oggi?
꽐 에 일 꼬르소 델 돌라로 옷지?
오늘 달러 환율이 어떻게 되지요?

민수는 환전을 하기 위해 은행을 방문한다.

Dialogo

Minsu: Scusi, qual è il corso del dollaro oggi?
스꾸지, 꽐 에 일 꼬르소 델 돌라로 옷지?

Impiegato: Un euro vale un dollaro e venti.
운 에우로 발레 운 돌라로 에 벤띠.

Minsu: Allora vorrei cambiare 500 dollari in euro.
알로라 보레이 깜비아레 칭꿰첸또 돌라리 인 에우로.

Impiegato: Che tagli preferisce?
께 딸리 쁘레페리쉐?

Minsu: Due biglietti da 100 e il resto in biglietti da 10.
두에 빌리에띠 다 첸또 에 일 레스또 인 빌리에띠 다 디에치.

Impiegato: Ha il passaporto?
아 일 빠싸뽀르또?

Minsu: Sì, eccolo.
시, 에꼴로.

Vocabolario

Scusi 실례합니다.
qual 어떤, 무슨.
il corso 환율.
del dollaro 달러의. del: di+il 전치사관사. di: ~의.
oggi 오늘.
impiegato 남자 사무원.
Un euro 1 유로.
vale (1 유로는) 가치가 나가다(*inf.* valere → p. 144).
allora 그렇다면.
vorrei (나는) ~을/를 원한다(*inf.* volere → p. 42).
cambiare ~을/를 바꾸다, ~을/를 교환하다.
in euro 유로로.

che tagli 무슨 사이즈, 어떤 크기.
tagli 사이즈, 치수.
preferisce (당신은) ~을/를 선호하다(*inf.* preferire → p. 144).
due biglietti da 100 100 유로짜리 2장.
biglietti 지폐, 표.
da 100 100 유로 가치의. 100 유로짜리의. da: ~가치의. 100: cento.
il resto 나머지.
in biglietti da 10 10 유로 지폐로.
eccolo 여기 있습니다. 직역하면 "여기에 그것이 있습니다"이다. ecco+lo(→ p. 176)

민수 : 실례합니다. 오늘 달러 환율이 어떻게 되지요?

남자 사무원 : 1유로가 1달러 20입니다.

민수 : 렇다면 500 달러를 유로로 환전하고 싶습니다.

남자 사무원 : 얼마짜리를 원하세요?

민수 : 100유로짜리 두 장하고 나머지는 10유로짜리로 주세요.

남자 사무원 : 여권 가지고 계시죠?

민수 : 예, 여기 있습니다.

◯• Espressione

Vorrei cambiare 500 dollari in euro. 500 달러를 유로로 환전하고 싶습니다.

은행에서의 다양한 표현을 알아보자.

A: Quale sportello dovrei andare per fare il cambio?
   환전을 하기 위해서는 어느 창구로 가야하나요?
B: Numero 5. 5번요.

A: Qual è il cambio del dollaro oggi? 오늘 달러 시세가 어떻게 되나요?
B: È ottanta centesimi per un dollaro. 1달러에 80 센트입니다.

A: Vorrei ritirare i soldi con la mia carta di credito.
   제 신용카드를 사용해서 돈을 인출하고 싶습니다.
B: Quanto vuole? 얼마를 원하시나요?

A: Che tagli vuole? 얼마짜리로 드릴까요?
B: Tre da 100 euro e il resto da 5.
   100 유로짜리 3장 그리고 나머지는 5유로짜리로 주세요.

A: Ci vuole il PIN. 핀(PIN)이 필요합니다.
B: Che cosa è il PIN? 핀(PIN)이 뭐죠?
A: Il PIN è il numero segreto della Sua carta. 핀(PIN)은 당신 카드의 비밀번호입니다.

Grammatica

✏️ 직설법 현재 : 불규칙 동사

동사 변화에 있어서 특수한 불규칙 형태를 갖는 동사들이 있다. 일상에서 자주 사용되는 몇몇 불규칙 동사의 직설법 현재 형태를 살펴보자.

① dare(~을/를 주다)

(io) do	(noi) diamo
(tu) dai	(voi) date
(lui/lei/Lei) dà	(loro) danno

Ti do una mano. 나는 너를 돕는다.

② pagare(대금을 지불하다)

(io) pago	(noi) paghiamo
(tu) paghi	(voi) pagate
(lui/lei/Lei) paga	(loro) pagano

Pago io! 내가 돈을 낼께!

③ sapere(~을/를 알다)

(io) so	(noi) sappiamo
(tu) sai	(voi) sapete
(lui/lei/Lei) sa	(loro) sanno

Sappiamo la verità. 우리는 진실을 알고 있다.

④ preferire(~을/를 선호하다)

(io) preferisco	(noi) preferiamo
(tu) preferisci	(voi) preferite
(lui/lei/Lei) preferisce	(loro) preferiscono

Lui preferisce andare a piedi. 그는 걸어가는 것을 선호한다.

⑤ valere(가치가 있다)

(io) valgo	(noi) valiamo
(tu) vali	(voi) valete
(lui/lei/Lei) vale	(loro) valgono

Questo vale molto. 이것은 가치가 많이 나간다.

Cultura

베네치아 가면 축제

우리에게 가장 알려진 이탈리아 축제는 카니발 기간 동안에 펼쳐지는 베네치아의 가면 축제이다. 베네치아에서 가면의 사용에 관한 가장 오래된 서류는 1268년 5월 2일자의 것인데, 그 이후의 가면 착용에 관한 법령을 보면 1339년 2월 22일자에는 가면을 쓰고 밤에 시내를 돌아다니는 것을 금지하고 있으며, 1458년 1월 24일 법령에는 남자들이 여장을 하고 수도원에 드나들지 못하도록 규정하고 있다. 1600년대에 이르러 가면이 여러 심각한 문제를 초래할 정도로 연중 많은 기간 동안 착용되자 베네치아 공화국은 1608년 8월 13일에 10인 위원회를 개최하여 법령을 공포한다. 이 법령은 가면에 의해 초래되는 심각한 좋지 못한 후유증을 피하고자 일반 시민과 귀족을 포함하여 이방인까지도 카니발 기간과 공식 연회를 제외한 시기에 모든 가면의 착용을 금지하고 있다. 이 법을 어기는 자는 엄중한 처벌을 받았는데, 남자의 경우에는 2년 동안 옥살이와 더불어 18개월 동안 노역을 해야 했으며, 10인 위원회에 500리라의 벌금을 지불해야 했다. 여자의 경우는 산마르코 광장(Piazza S. Marco)에서 리알토 다리(Ponte Rialto)까지 채찍질을 당했고, 산마르코 광장에 있는 두 개의 기둥 사이에 묶여졌으며, 4년 동안 베네치아 공화국 영토에서 추방되었고, 역시 500리라의 벌금을 지불해야 했다.

Questo autobus va alla stazione centrale?
께스또   아우또부스   바   알라   스따찌오네   첸뜨랄레?
이 버스는 중앙역에 가나요?

역에 가기 위해 버스를 탄 민수, 버스 기사 아저씨에게 역에 가는지 질문한다.

 Dialogo

Minsu: Scusi, questo autobus va alla stazione centrale?
스꾸지, 께스또 아우또부스 바 알라 스따찌오네 첸뜨랄레?

Autista: Sì, certo.
시, 체르또.

Minsu: E quanto tempo ci vuole per arrivarci?
에 꽌또   뗌뽀   치 부올레   뻬르 아리바르치?

Autista: Circa 15 minuti.
치르까 뀐디치 미누띠.

Minsu: Potrebbe avvisarmi quando devo scendere?
뽀뜨렙베   아비자르미   꽌도   데보   쉔데레?

Autista: Va bene.
바 베네.

Minsu: Grazie mille.
그라찌에 밀레!

◎• Vocabolario

Scusi 실례합니다.
questo autobus 이 버스.
autobus 버스.
va 가다(inf. andare → p. 34).
alla stazione centrale 중앙역에. alla: a+la 전치사관사. a: ~곳에(→ p. 60).
stazione 역(驛).
centrale 중앙의.
autista 운전수.
certo 물론입니다.
quanto tempo 얼마만큼의 시간. quanto: 얼마나, 얼마만큼.
tempo 시간.

ci vuole ~ ~이 걸리다, ~이 필요하다. volerci: 필요로 하다.
per arrivarci 그곳에 도착하기 위해. per: ~위해.
arrivarci 그곳에 도착하다. arrivare+ci의 결합 형태.
arrivare 도착하다. ci: 그곳. 장소를 대신한다.
circa 대략, 거의.
potrebbe (당신은) ~을/를 할 수 있다(inf. potere → p. 52).
avvisarmi 나에게 알려주다. avvisare+mi의 결합 형태. mi: 나에게(→ p. 80).
quando 때.
devo (나는) ~을/를 해야만 한다(inf. dovere → p. 52).

민수 : 실례합니다. 이 버스는 중앙역에 가나요?

운전수 : 예, 물론입니다.

민수 : 그런데 그곳까지 시간이 얼마나 걸리죠?

운전수 : 약 15분요.

민수 : 제가 내려야 할 때 알려주시겠어요?

운전수 : 알겠습니다.

민수 : 대단히 감사합니다.

Espressione

Questo autobus va alla stazione centrale?
이 버스는 중앙역에 가나요?

버스 혹은 기차를 이용할 경우에 사용하는 표현이다. 특히 기차의 경우 플랫폼이 갑자기 바뀌는 경우가 있으므로 승차하기 전에 반드시 확인하는 것이 좋다.
Questo treno va a Milano? 이 기차 밀라노에 가나요?
Questo treno parte per Milano? 이 기차는 밀라노행인가요?

Quanto tempo ci vuole per arrivarci?
그곳까지 시간이 얼마나 걸리죠?

'시간이 ~만큼 걸리다'라는 표현으로, 2시간 이상 걸릴 경우에는 'ci vuole ~' 대신에 'ci vogliono ~'를 사용하는 것에 주의한다. 'Ci vuole (vogliono) ~'는 '~이/가 필요하다'라는 의미로 단독으로도 사용할 수 있다.

A: Quante ore ci vogliono da Seoul a Pusan? 서울에서 부산까지 몇 시간이 걸리나요?
B: Ci vogliono 5 ore? 5시간 걸립니다.

A: Che cosa ci vuole nella vita? 인생에서 뭐가 필요하죠?
B: Ci vuole la fortuna. 행운이 필요해요.

◉ Grammatica

✎ 다양한 의문형용사와 의문대명사

1) 의문형용사
의문형용사는 뒤에 위치한 명사를 수식하는 의문사를 말한다. 종류에는 che(= che cosa, cosa 무엇), quale(어떤), quanto(얼마나) 등이 있다. Quale와 quanto는 뒤에 위치하는 명사의 성수에 따라 형태가 변하며(quale, quali, quanto, quanti, quanta, quante), che는 명사의 성수에 관계없이 형태가 변하지 않는다.

Che(= che cosa, cosa): 주로 사물, 또는 사건에 대해 질문할 때 사용한다.
Che libro hai in mano? 너는 손에 어떤 책을 가지고 있니?

Quale: 2개 또는 3개 중에 선택을 할 때 사용한다.
Quale vestito indosserai domani? 너는 내일 어떤 옷을 입을 거니?

Quanto: 수량, 가격 등을 질문할 때 주로 사용한다.
Quanto tempo ci vuole per arrivare a Milano?
밀라노까지 도착하는데 시간이 얼마나 걸리나요?

2) 의문대명사
의문대명사는 명사를 대신해서 질문하므로 명사를 동반하지 않는다. 종류로는 **che**(= che cosa, cosa 무엇), **chi**(누구), **quale**(어느 사람, 어느 것), **quanto**(얼마나 많은 사람 또는 물건)가 있으며, 바로 위에서 보았듯이 che, quale, quanto는 명사를 수식하는 의문형용사로도 사용된다.

che(= che cosa, cosa 무엇): 성수에 관계없이 동일한 형태로, '사물'에만 사용한다.
Che cosa (= Che, cosa) è questo? 이것은 무엇입니까?

chi(누구): 성수에 관계없이 동일한 형태로 사람에게만 사용한다. 이 경우에 동사는 3인칭 단수 또는 복수 형태를 사용할 수 있다.
Chi è quella bella ragazza? 저 예쁜 소녀가 누구지?

quale(어느 사람, 어느 것): 성수에 따라 형태가 변한다. 두 세 가지 중에서 선택할 때 사용하며 사람 및 사물에 사용한다.
Quale vuoi, questo o quello? 너는 어느 것을 원하니, 이것 아니면 저것?

quanto: 성수에 따라 형태가 변하며 가격, 수량 등을 나타낼 때 사용한다.
Quanti sono gli abitanti a Roma? 로마 인구가 얼마죠?

Cultura

이탈리아 버스

대중교통을 이용해서 장거리를 여행할 경우 대부분의 이탈리아인들은 기차를 이용한다. 물론 기차를 이용하는 것이 여러 가지 편리한 점도 있지만, 장거리 버스 노선이 발달되어 있지 않기 때문이다. 버스는 이탈리아에서 시내 교통을 대부분 담당하며, 시외버스의 경우도 2~3시간 내의 가까운 거리만을 운행한다. 시내버스를 탈 경우에는 현금으로 버스비를 지불 할 수 없으므로 반드시 표를 구입해서 타야한다. 그리고 티켓을 버스 안에 설치된 작은 기계에 넣고 찍으면 된다.

Episodio 10

31 이 대성당은 언제 건축되었나요?   32 제 초상화를 그려주시겠어요?
33 네게 피렌체에서 전화하는거야?   34 이 공연은 몇 시에 시작하죠?

민수, 피렌체에서...

Quando è stato costruito questo duomo?
꽌도 에 스따또 꼬스뜨루이또 꿰스또 두오모?

이 대성당은 언제 건축되었나요?

Lezione 31

르네상스의 고향 피렌체에 도착한 민수, 시내 중앙에 위치한 두오모(대성당)를 보며 궁금한 것을 안내원에게 질문한다.

🎧 Dialogo

Minsu : Magnifico! Quando è stato costruito questo duomo?
마니피꼬! 꽌도 에 스따또 꼬스뜨루이또 꿰스또 두오모?

Guida turistica : Questo è stato costruito dal 1296 al 1436.
꽤스또 에 스따또 꼬스뜨루이또 달 밀레두에첸또노반따세이 알 밀레꽈뜨로첸또뜨렌따세이.

Minsu : Quali artisti o architetti vi hanno lavorato?
꽐리 아르띠스띠 오 아르끼떼띠 비 안노 라보라또?

Guida turistica : Vi hanno lavorato tanti famosi architetti e artisti come
비 안노 라보라또 딴띠 파모지 아르끼떼띠 에 아르디스띠 꼬메

Brunelleschi, Michelangelo, Giotto....
브루넬레스끼, 미껠란젤로, 지오또...

Minsu : Chi ha fatto la 'Porta del Paradiso' del battistero?
끼 아 파또 라 '뽀르따 델 빠라디조' 델 바띠스떼로?

Guida turistica : È stata realizzata da Lorenzo Ghiberti.
에 스따따 레알리자따 다 로렌쪼 기베르띠.

⊙ Vocabolario

magnifico 멋있는.
è stato costruito ~이 지어지다. 수동태(→ p. 222).
stato 동사 stare의 과거분사.
costruito 동사 costruire의 과거분사.
questo duomo 이 대성당.
guida turistica 관광 안내원.
guida 안내원. turistica: 관광의.
dal 1296 al 1436 1296년부터 1436년까지. dal: da+il 전치사관사. da: ~부터. al: a+il 전치사관사. a: ~까지. da Ⓐ a Ⓑ: Ⓐ부터 Ⓑ까지.
quali artisti 어떤 예술가들.
architetti 건축가들.

vi 그곳에서. 이 장소에서. 장소를 대신한다.
hanno lavorato (예술가들 혹은 건축가들)이/가 일을 했다. 동사 lavorare의 직설법 근과거 형태(→ p. 108).
tanti famosi architetti 많은 유명한 건축가들.
famosi 유명한.
come ~같은.
ha fatto (누가) ~을/를 했다. 동사 fare의 직설법 근과거 형태(→ p. 108).
porta 문, 출입구.
del Paradiso 천국의.
del battistero 세례당의.

민수 : 너무 멋있다! 이 대성당은 언제 건축되었나요?

관광 안내원 : 이것은 1296년부터 1436까지 지어졌습니다.

민수 : 이곳에서 어떤 예술가나 건축가가 일했나요?

관광 안내원 : 이곳에서 부르넬레스키, 미켈란젤로, 지옷또 등 많은 유명한 건축가와 예술가들이 일했습니다.

민수 : 세례당의 '천국의 문'은 누가 만들었나요?

관광 안내원 : 로렌초 기베르띠가 만들었어요.

Espressione

Quando è stato costruito questo duomo? 이 대성당은 언제 건축되었나요?

이탈리아를 여행하다보면 오래된 건물들이 너무나 많다. 언제 지어졌는지, 누가 지었는지 등을 묻고자 할 때 유용하게 사용할 수 있는 표현을 알아보자. 주어가 복수형일 경우에는 성수에 따라 동사가 변한다는 점을 항상 염두 해야 한다.

A: Quando sono state costruite queste porte? 이 문들은 언제 만들어졌나요?
B: Queste sono state costruite nel 1500. 1500년에 만들어졌습니다.

Quali artisti o architetti vi hanno lavorato?
이곳에서 어떤 예술가나 건축가가 일했나요?

상기한 표현 대신에 'Chi vi ha lavorato?(누가 이곳에서 일했죠?)' 라고 간단히 질문할 수 있다. 이 문장에 사용된 vi는 앞에 이미 나온 장소를 대신한다. 이 경우 vi 대신에 ci를 사용할 수 있다. 해석은 문맥에 따라 '그곳' 혹은 '이곳'으로 할 수 있다.

A: Maria, sei stata in Inghilterra? 마리아, 영국에 가 보았니?
B: Sì, vi(ci) sono stata. 응, 그곳에 가보았어.

A: Carlo, sei andato dal dentista? 까를로, 치과에 갔었니?
B: Sì, vi(ci) sono stato. 응, 그곳에 갔었어.

A: Signorina, non sono stato a Milano, e Lei?
아가씨, 저는 밀라노에 가 본 적이 없어요, 당신은요?
B: Neanch'io vi(ci) sono stata. 저도 가 본 적이 없어요.

Grammatica

✏️ 직접목적인칭대명사

직접목적인칭대명사는 앞에 나온 사람을 직접 대신하는 품사이다. 직접목적인칭대명사 형태에는 동사의 앞에 사용되는 '약형'과 동사 뒤에 사용되는 '강형'이 있는데 일반적으로 '약형'을 더 많이 사용한다. 해석은 '~을/를'로 한다.
직접목적인칭대명사 '약형'은 '**동사 앞**'에 위치한다.

〈직접목적인칭대명사 **약형**〉

Paolo	mi (나를)	incontra.	빠올로는 나를 만난다.
	ti (너를)		빠올로는 너를 만난다.
	lo (그 남자를)		빠올로는 그 남자를 만난다.
	la (그 여자를)		빠올로는 그 여자를 만난다.
	La (당신을)		빠올로는 당신을 만난다.
	ci (우리들을)		빠올로는 우리를 만난다.
	vi (너희들을, 당신들을)		빠올로는 너희들(당신들)을 만난다.
	li (그 남자들을)		빠올로는 그 남자들을 만난다.
	le (그 여자들을)		빠올로는 그 여자들을 만난다.

A: Paolo, Conosci Carlo? 빠올로, 너는 까를로를 아니?
B: Si, **lo** conosco. 응, 나는 그를 알아.

A: Paolo, Conosci Anna? 빠올로, 너는 안나를 아니?
B: Si, **la** conosco. 응 나는 그녀를 알아.

위에 제시한 직접목적인칭대명사 중에서 **lo, la li, le**는 '사물'을 대신 받는 '직접목적대명사(→ p. 176)'로 사용된다.

〈직접목적인칭대명사 **강형**〉
직접목적인칭대명사 '강형'은 '**동사 뒤**'에 위치한다.

Paolo	incontra	me. (나를)	빠올로는 나를 만난다.
		te. (너를)	빠올로는 너를 만난다.
		lui. (그 남자를)	빠올로는 그 남자를 만난다.
		lei. (그 여자를)	빠올로는 그 여자를 만난다.
		Lei. (당신을)	빠올로는 당신을 만난다.
		noi. (우리들을)	빠올로는 우리를 만난다.
		voi. (너희들을, 당신들을)	빠올로는 너희들(당신들)을 만난다.
		loro. (그들을)	빠올로는 그들을 만난다.

Cultura

영화 속 명소 (2)
냉정과 열정사이

피렌체는 영화 '냉정과 열정 사이'를 통해 우리에게 소개되어 매우 친숙한 도시이다. 특히 피렌체의 중심에 자리 잡고 있는 두오모는 멀리 떨어진 곳에서도 피렌체임을 알 수 있게 하는 피렌체의 상징으로 자리를 잡고 있다. 가장 이상적인 도시의 축소판이며, 인류의 역사와 문화가 숨 쉬는 곳 피렌체. 지금 당장 그 곳에 갈 수 없다면, 영화 '냉정과 열정 사이'를 다시 보는 것도 좋지 않을까. 영화의 남녀 주인공이 피렌체 두오모 꼭대기에서 만나는 장면이 다시 떠오른다.

Può fare il mio ritratto? 제 초상화를 그려주시겠어요?
뿌오   파레   일 미오   리뜨라또?

박물관을 나와 거리의 화가들을 만나게 된 민수, 자신의 모습을 그려달라고 한 화가에게 청한다.

🎧 Dialogo

Minsu : Buon giorno!
부온   조르노!

Pittore : Buon giorno!
부온   조르노!

Minsu : Disegna molto bene! Può fare il mio ritratto?
디제냐   몰또   베네! 뿌오 파레 일 미오 리뜨라또?

Pittore : Certo! Si accomodi qua! Può girare la faccia un po' a destra?
체르또! 시 아꼬모디   꽈! 뿌오 지라레 라 파챠 운 뽀 아 데스뜨라?

Ecco! Così va bene. Adesso non deve muoversi!
에꼬! 꼬지 바 베네. 아뎃소   논   데베   무오베르시!

Prima faccio gli occhi, il naso, la bocca...
쁘리마   파쵸   리 오끼,   일 나조,   라 보까...

Minsu : Può disegnare il mio viso più bello del reale?
뿌오 디제냐레   일 미오 비조 쀼 벨로   델 레알레?

Pittore : Va bene! Non si preoccupi!
바 베네! 논   시 쁘레오꾸삐!

🔵 Vocabolario

pittore 화가(畫家).
disegna (당신은) 그림을 그리다(*inf.* disegnare → p. 158).
può (당신은) ~을/를 할 수 있다(*inf.* potere → p. 52).
il mio ritratto 내 초상화.
girare ~을/를 돌리다, 회전하다.
la faccia 얼굴.
un po' 약간.
a destra 오른쪽으로.
Così va bene 자 좋습니다.
non deve muoversi! 움직이지 마세요. 상대방에 대한 격식적 부정 명령 형태.(*inf.* dovere → p. 52).
prima 먼저, 우선.
faccio: (나는) ~을/를 한다, 그린다(*inf.* fare → p. 116).
gli occhi: 눈(目). 단수 형태는 l'occhio.
il naso 코.
la bocca 입.
disegnare 그림을 그리다.
il mio viso 내 얼굴(*inf.* mio → p. 66).
più bello del reale 실제보다 더 멋있게.
Capisco! 알았다. 이해한다(*inf.* capire → p. 112).

민수 : 안녕하세요!

화가 : 안녕하세요!

민수 : 당신은 그림을 매우 잘 그리는군요! 제 초상화를 그려주시겠어요?

화가 : 물론입니다. 이리로 앉으세요. 얼굴을 약간 오른쪽으로 돌리시겠어요?
자! 좋습니다. 이젠 움직이지 마세요. 자, 눈, 코, 입...

민수 : 제 얼굴을 실물보다 더 멋있게 그려주세요?

화가 : 알겠습니다. 걱정하지 마세요.

Espressione

✏ Può fare il mio ritratto? 제 초상화를 그려주시겠어요?

Può는 조동사 potere(~을/를 할 수 있다)의 3인칭 단수 형태로 반드시 뒤에 동사원형이 와야 한다. 이곳에서 fare(~을/를 하다)는 disegnare(~을/를 그리다)의 의미이다. '내 초상화'를 의미하는 'il mio ritratto'에서 mio는 뒤에 위치한 명사 ritratto를 수식하는 소유형용사이다. 명사인 ritratto가 남성 단수이므로 명사와 형용사의 성수일치에 의해 mio이다. 여성 단수를 수식한다면 mia이어야 한다.

✏ Non deve muoversi! 움직이지 마세요.

상대방에 대한 격식적으로 '움직이지 마세요'라고 말하는 부정 명령 표현이다. '움직이다'라는 단어는 재귀동사로 'muoversi'이다. 이 표현은 재귀대명사 si를 조동사 앞으로 위치를 바꿔 'Non si deve muovere!'라고 할 수 있다. 서로 잘 아는 사이의 비격식적 부정 명령 표현은 'Non ti devi muovere!' 혹은 'Non devi muoverti!' 이다.

✏ Può disegnare il mio viso più bello del reale? 제 얼굴을 실제보다 더 멋있게 그려주세요?

화가에게 웃으면서 건네는 표현이다. Può는 조동사 potere(~을/를 할 수 있다)의 3인칭 단수 형태로 반드시 뒤에 동사원형이 와야 한다. Può 대신에 potere 동사의 조건법 3인칭 단수 형태인 potrebbe를 사용해도 좋다. '실제보다 더 멋있게'라는 의미의 'più bello del reale'는 più A di B(B보다 더 A한)의 우등비교 형태이다.

✏ Non si preoccupi! 걱정하지 마세요.

상대방에 대한 격식적으로 '걱정하지 마세요'라고 말하는 부정 명령 표현이다. '걱정하다'라는 단어는 재귀동사로 'preoccuparsi'이다. 서로 잘 아는 사이의 비격식적 부정 명령 표현은 'Non ti preoccupare!' 이다.

◉ Grammatica

✎ 직설법 현재 형태 : arrivare, correre, pregare, disegnare

1) arrivare(도착하다)

(io) arrivo	(noi) arriviamo
(tu) arrivi	(voi) arrivate
(lui/lei/Lei) arriva	(loro) arrivano

Fra un ora arrivo a Roma. 한 시간 후에 나는 로마에 도착한다.
Questo treno arriva in orario a Milano. 이 기차는 정각에 밀라노에 도착한다.
Arriviamo 10 minuti in ritardo. 우리는 10분 늦게 도착한다.

2) correre(달리다)

(io) corro	(noi) corriamo
(tu) corri	(voi) correte
(lui/lei/Lei) corre	(loro) corrono

Corri più veloce! 더 빨리 뛰어!
Il tempo corre molto veloce. 시간은 매우 빨리 지나간다.
Corriamo a casa. 우리는 집으로 달려간다.

3) pregare(기원하다)

(io) prego	(noi) preghiamo
(tu) preghi	(voi) pregate
(lui/lei/Lei) prega	(loro) pregano

Ti prego di parlare a bassa voce. 낮은 목소리로 말하길 바란다.
Prega per me! 나를 위해 기도해줘!
Preghiamo per noi peccatori. 우리는 우리 죄인을 위해 기도한다.

4) disegnare(~을/를 그리다)

(io) disegno	(noi) disegniamo
(tu) disegni	(voi) disegnate
(lui/lei/Lei) disegna	(loro) disegnano

Disegno un fiore. 나는 꽃을 그린다.
Disegnano un bel panorama. 그들은 멋있는 풍경을 그린다.

Cultura

피렌체

르네상스(il Rinascimento)의 발생지인 피렌체(Firenze)는 이탈리아에서 뿐만 아니라 세계 역사에 있어서도 매우 중요한 도시이다. 피렌체의 중심에는 Duomo(대성당)가 자리 잡고 있다. 이 성당은 1292년에 건설되기 시작해서 1446년도에 완성되었다. 이 성당의 건설에는 Arnolfo di Cambio, Giotto, Francesco Talenti, Filippo Brunelleschi 등 당대 최고의 건축가들이 참여했다. 두오모 외에 피렌체에는 '천국의 문'으로 유명한 산 조반니 세례당(Battistero di San Giovanni)과 지옷또의 종탑(Campanile di Giotto), 시뇨리아 광장(Piazza della Signoria), 우피치 박물관(Galleria degli Uffizi), 단테 생가(Casa di Dante) 등, 역사와 문화가 숨 쉬는 장소가 즐비하다.

입에서 톡 독학 이탈리아어 첫걸음

Ti sto chiamando da Firenze.
띠 스또 끼아만도 다 피렌쩨.
네게 피렌체에서 전화하는 거야.

로마를 떠나 온지 벌써 며칠이 지난 민수, 마리아에게 안부 전화를 한다.

 Dialogo

Minsu : Pronto!
브론또!

Maria : Pronto! Con chi parlo?
쁘론또! 꼰 끼 빠를로?

Minsu : Ciao Maria, sono Minsu. Come stai?
챠오 마리아, 소노 민수. 꼬메 스따이?

Maria : Sto bene e tu, tutto bene?
스또 베네 에 뚜, 뚜또 베네?

Minsu : Sì, va tutto bene. Ti sto chiamando da Firenze.
시, 바 뚜또 베네. 띠 스또 끼아만도 다 피렌쩨.
Ritornerò a Roma fra tre giorni.
리또르네로 아 로마 프라 뜨레 조르니.

Maria : Ho capito! Allora ci vedremo fra pochi giorni.
오 까삐또! 알로라 치 베드레모 프라 뽀끼 조르니.

Minsu : Sì. Salutami i tuoi genitori!
시. 살루따미 이 뚜오이 제니또리!

○• Vocabolario

Pronto! (전화상에서) 여보세요.
con chi parlo? 누구시죠(전화상에서)?
parlo (나는) 말을 하다(*inf.* parlare → p. 112).
stai (너는) 지내다(*inf.* stare → p. 34).
sto bene (나는) 잘 지낸다. sto: (나는) 지내다(*inf.* stare → p. 34).
ti 너를(→ p. 154).
sto chiamando (나는) 전화하는 중이다. stare+제룬디오: ~하는 중이다. chiamando: 동사 chiamare의 제룬디오 형태(→ p. 162).
ritornerò (나는) 돌아갈 것이다(*inf.* ritornare → p. 94).
fra tre giorni 3일 후에. fra: ~후에.

ho capito! (나는) 알았다, 이해했다. 동사 capire의 직설법 근과거 형태(→ p. 108).
allora 그렇다면.
ci vedremo (우리는) 볼 것이다. ci: 우리 서로, 상호 재귀대명사(→ p. 102). vedremo: (우리는) 볼 것이다(*inf.* vedere).
pochi giorni 며칠. pochi: 적은. 명사 giorni를 수식하는 부정(不定)형용사.
Salutami i tuoi genitori! 네 부모님들께 안부 전하렴. salutami: salutare+mi의 결합 형태. salutare: 인사를 하다. mi: 나를(→ p. 154).
i tuoi genitori 네 부모님.

민수 : 여보세요.

마리아 : 여보세요. 누구시죠?

민수 : 안녕 마리아, 나야 민수. 어떻게 지내니?

마리아 : 잘 지내. 너는 다 괜찮니?

민수 : 응. 다 좋아. 네게 피렌체에서 전화하는 거야.
로마에 3일 후에 돌아갈 거야.

마리아 : 알았어. 며칠 있으면 보겠구나.

민수 : 그래. 네 부모님께 안부 전해줘.

Espressione

Ti sto chiamando da Firenze. 네게 피렌체에서 전화하는 거야.

위 문장에서 'sto chiamando'라는 표현은 '나는 전화하는 중이다'라는 현재진행을 나타낸다. 'chiamando'는 동사 'chiamare'의 제룬디오 형태인데, 제룬디오에 관해서는 문법 부분(→ p. 162)을 참고로 하고, 이곳에서는 '~하는 중이다'라는 표현에 대해 알아보자. '~하는 중이다'라는 표현은 'Stare+제룬디오' 형태를 지닌다.

A: Mario, dove **stai andando**? 마리오, 너는 어디 가는 중이니?
B: **Sto andando** al cinema. 나는 영화 보러 가는 중이야.

A: Signor Paolo, che cosa **sta guardando**? 빠올로씨, 무엇을 보고 계십니까?
B: **Sto guardando** la partita di calcio. 나는 축구 경기를 보고 있는 중입니다.

A: Anna, che cosa **stai studiando**? 안나야, 너는 무엇을 공부하고 있니?
B: **Sto studiando** l'italiano. 나는 이탈리아어를 공부하고 있는 중이야.

Salutami i tuoi genitori! 네 부모님께 안부 전해줘.

누군가에게 안부를 전해 달라고 하는 표현을 사용할 경우, 서로 잘 아는 사이에는 'salutami ~!', 격식을 갖춰 말하는 경우는 'mi saluti ~!'를 사용한다.

Salutami tuo padre! 네 아버지께 안부 전해줘!

Mi saluti il signor Mario! 마리오씨께 안부 전해주십시오!

Grammatica

✓ 제룬디오(Gerundio)

'제룬디오'를 의미하는 정확한 우리말이 없기 때문에 그대로 사용하기로 한다. 제룬디오는 '시간', '이유', '방식', '양보', '조건', '진행', '반복' 등을 나타내며 현재 시제(단순 제룬디오)와 과거 시제(복합 제룬디오)가 있다. 이곳에서는 현재 형태를 학습한다.

제룬디오 형태
제룬디오 현재는 다음과 같이 규칙적인 형태를 갖는다.

-are → -ando	-ere → -endo	-ire → -endo
cant**are** → cant**ando**	prend**ere** → prend**endo**	fin**ire** → fin**endo**

제룬디오의 용도
제룬디오는 다음의 예에서 보듯이 문맥에 맞게 해석하는 것이 중요하다.

① '시간'을 나타낸다.
Andando a scuola, incontro sempre Mario.
나는 학교에 갈 때 항상 마리오를 만난다.

② '이유, 원인'을 나타낸다.
Conoscendo Anna, posso dire che lei è molto brava in italiano.
나는 안나를 알기 때문에 그녀가 이탈리아어를 매우 잘 한다고 말할 수 있다.

③ '방식'을 나타낸다.
Studiando, s'impara. 사람은 공부함으로써 배운다.

④ '양보'를 나타낸다.
Pur essendo nata in Francia, Maria non conosce il francese.
마리아는 프랑스에서 태어났음에도 불구하고 불어를 알지 못한다.
 * 일반적으로 '양보'를 나타낼 경우에는 제룬디오 앞에 pur를 사용한다.

⑤ '조건'을 나타낸다.
Volendo, possiamo andare in pizzeria.
원한다면 우리는 피자집에 갈 수 있다.

⑥ Stare 동사와 함께 사용되어 **진행 중인 행위**를 나타낸다.
Sto guardando la TV. 나는 TV를 보고 있는 중이다.

⑦ Andare(혹은 venire) 동사와 함께 사용되어 **반복적인 행위**를 나타낸다.
Mario va cantando. 마리오는 반복적으로 노래를 부른다.

Cultura

이탈리아 빵(pane)과 빠니니(panini)

이탈리아 남부 문제를 주로 다룬 작가 Ignazio Silone의 「Vino e pane(포도주와 빵)」라는 소설도 있지만, 이탈리아인들에게 빵은 식사 시간에 반드시 필요한 음식으로 그 종류가 헤아릴 수 없을 만큼 다양하다. 빵집마다 여러 종류가 있고, 지방마다 그 지방의 독특한 빵이 있으니, 이탈리아 빵을 모은 사전을 만들어도 백과사전만큼 방대할 것이다. 빠니니(Panini)는 간식으로 혹은 간단한 식사를 대신할 수 있는 이탈리아식 샌드위치라고 할 수 있다. 야채, 햄, 소시지, 치즈 등을 넣어서 만든 다양한 종류의 빠니니가 있다.

A che ora inizia lo spettacolo?
아 께 오라 이니찌아 로 스뻬따꼴로?
이 공연은 몇 시에 시작하죠?

오페라의 본고장에서 오페라를 관람하기로 결정한 민수, 표를 구입한다.

 Dialogo

Minsu : A che ora inizia lo spettacolo?
　　　　아 께 오라 이니찌아 로 스뻬따꼴로?
Informazione : Fra mezz'ora, alle nove.
　　　　프라 메쪼라, 　　알레 노베.
Minsu : Se ci fosse ancora un biglietto disponibile, vorrei comprarlo.
　　　　세 치 포세 앙꼬라 운 빌리에또 디스뽀니빌레, 보레이 꼼쁘라를로.
Informazione : Vuole vedere lo spettacolo dalla platea, dai palchi o dalla galleria?
　　　　부올레 베데레 로 스뻬따꼴로 달라 쁠라떼아, 다이 빨끼 오 달라 갈레리아?
Minsu : Dove si vede meglio?
　　　　도베 시 베데 멜리오?
Informazione : Si vede meglio sia dalla platea che dai palchi.
　　　　시 베데 멜리오 시아 달라 쁠라떼아 께 다이 빨끼.
Minsu : Ho capito... Un biglietto per la platea, per favore.
　　　　오 까삐또... 운 빌리에또 뻬르 라 쁠라떼아, 뻬르 파보레.

◉ Vocabolario

inizia (공연이) 시작되다(*inf.* iniziare).
fra mezz'ora: 30분 후. fra: ~후에.
ora: 시간.
se ci fosse~: 만일 ~이/가 있다면.
ci fosse ~: ~ 있다. fosse: 동사 essere의 접속법 반과거 3인칭 단수 형태(→ p. 166).
disponibile: 가능한, 이용할 수 있는.
comprarlo: 그것을 구입하다. comprare+lo의 결합 형태. comprare: ~을/를 구입하다.
lo: 그것을. 직접목적대명사 약형 3인칭 단수 형태(→ p. 176).
vedere: ~을/를 보다.
dalla platea 1층에서.
dai palchi 그룹용 자리에서.
dalla galleria 무대에서 제일 먼 부분에서.
si vede: 보인다. si: 비인칭의 si(→ p. 165).
vede: ~을/를 보다(*inf.* vedere → p. 165).
meglio: 더 잘.
si sente: 들린다. si: 비인칭의 si(→ p. 165).
sente: ~을/를 듣다(*inf.* sentire → p. 248).
vedono: ~을/를 보다(*inf.* vedere → p. 196).
i costumi: 의상.
le scene: 무대, 장면.
ho capito: (나는)알았다, 이해했다. 동사 capire의 직설법 근과거 형태(→ p. 108).

민수 : 이 공연은 몇 시에 시작하죠?
안내 : 30분 후, 9시에요.
민수 : 아직 표가 한 장 남아 있다면, 그것을 구입하고 싶어요.
안내 : 당신은 이 공연을 무대 앞 쪽 좌석(1층, platea), 그룹용 좌석(2층, palchi), 무대에서 제일 먼 부분(3/4층 끝부분, gallerie) 중 어디에서 보시겠어요?
민수 : 어디에서 더 잘 보이나요?
안내 : 플라테아 혹은 팔키가 잘 보여요.
민수 : 알겠습니다... 플라테아 표 한 장 주세요.

Espressione

Se ci fosse ancora un biglietto disponibile, vorrei comprarlo.
아직 표가 한 장 남아 있다면, 그것을 구입하고 싶어요.

가능성 있는 가정을 나타내는 표현이다. 문법적인 내용에 관해서는 다음 페이지의 문법 부분을 참고하고, 이곳에서는 상기한 표현을 사용하여 표(기차표, 입장권 등)를 두 장 구입하는 경우의 표현을 학습해보자. 주어가 남성 복수인 due biglietti이므로 동사(fossero)를 비롯하여 형용사(disponibili), 직접목적대명사(li)도 주어의 성수에 일치해야 하는 점에 유의한다.

Se ci fossero ancora due biglietti disponibili, vorrei comprarli.
아직 표가 두 장 남아 있다면, 그것들을 구입하고 싶어요.

Dove si vede meglio? 어디에서 더 잘 보이나요?

Si vede에서 si는 일반적인 사람을 나타내는 '비인칭의 si'이다.
여러 곳 중에서 다른 곳들 보다 더 좋은 한 두 곳을 말할 경우에는 'meglio'를 사용하고, 비교하지 않고 단지 좋은 곳을 질문할 경우에는 'meglio' 대신 'bene'를 사용한다.

A: Dove si mangia meglio? 어디에서 더 잘 식사를 할 수 있나요?
B: Si mangia meglio al ristorante 'Pepe'. 뻬뻬 식당이 더 잘 먹어요.

A: Dove si compra bene? 어디에서 잘 구입할 수 있나요?
B: Si compra bene al mercato comunale. 코뮤네 시장에서 잘 구입해요.

Grammatica

가정문 : 가능성 있는 가정

'가능성 있는 가정'은 현재나 미래에 있어서 발생할 가능성이 있는 사건 또는 행위에 대한 가정을 나타낸다. 그러나 그러한 사건 또는 행위가 실제로 뒤따를지는 알 수 없다. 가능성 있는 가정의 형태는 다음과 같으며, 조건절과 결과절의 순서는 바뀌어도 동일한 의미를 지닌다. 가정문을 만들 때, se가 '만일에 ~이라면'이라는 뜻을 갖기 때문에, se 다음에 동사의 조건법 형태를 사용해야 하는 것으로 생각하기 쉽다. 하지만 가정문에서 동사의 조건법 형태는 '결과절에 사용'한다는 점에 주의한다.

> 가능성 있는 가정 : se + 접속법 반과거 + 조건법 현재
>   (조건절)   (결과절)

Se smettesse di nevicare, **potremmo** fare una passeggiata.
눈이 그친다면, 우리는 산책을 할 수 있을 텐데.

접속법 반과거 형태

접속법 반과거의 규칙과 불규칙 형태의 예는 다음과 같다.

	essere	avere	-are	-ere	-ire
			guard**are**	legg**ere**	sent**ire**
Io	fossi	av**essi**	guard**assi**	legg**essi**	sent**issi**
Tu	fossi	av**essi**	guard**assi**	legg**essi**	sent**issi**
Lui, Lei	fosse	av**esse**	guard**asse**	legg**esse**	sent**isse**
Noi	fossimo	av**essimo**	guard**assimo**	legg**essimo**	sent**issimo**
Voi	foste	av**este**	guard**aste**	legg**este**	sent**iste**
Loro	fossero	av**essero**	guard**assero**	legg**essero**	sent**issero**

Se **fossi** in te, non accetterei quella proposta. 내가 너라면 그 제안을 받아들이지 않을 텐데.

	dare	fare	stare	bere	dire
Io	d**essi**	fac**essi**	st**essi**	bev**essi**	dic**essi**
Tu	d**essi**	fac**essi**	st**essi**	bev**essi**	dic**essi**
Lui, Lei	d**esse**	fac**esse**	st**esse**	bev**esse**	dic**esse**
Noi	d**essimo**	fac**essimo**	st**essimo**	bev**essimo**	dic**essimo**
Voi	d**este**	fac**este**	st**este**	bev**este**	dic**este**
Loro	d**essero**	fac**essero**	st**essero**	bev**essero**	dic**essero**

Se tu **dicessi** la verità, ti perdonerei. 네가 진실을 말한다면, 나는 너를 용서할 텐데.

이탈리아 오페라

Cultura

고대 연극을 부활시키고자 17세기경에 이탈리아 피렌체에서 탄생한 오페라는 전세계적으로 공연되는 문화의 한 장르가 되었다. 우리에게 잘 알려진 밀라노의 La Scala, 나폴리의 San Carlo, 베네치아의 La Fenice 외에 이탈리아에서는 각 도시마다 연극과 콘서트, 오페라를 위한 전용 극장이 마련되어 있다. 오페라 시즌은 주로 10월경부터 그 다음 해 5월까지 이다. 북부 도시인 베로나(Verona)는 여름에 야외 오페라 공연을 개최하는 것으로 유명하다. 표를 구입할 경우 공연 좌석을 부르는 이름에 대해 알아두는 것이 필요하다. Platea는 무대 앞부분, Palchi는 주로 2층~3층에 걸쳐 있는 그룹용 공간, Galleria는 주로 무대에서 제일 멀리 있는 3~4층의 뒤쪽 좌석을 지시한다. 밀라노에 위치한 La Scala 극장의 경우는 오페라 공연을 할 경우 극장의 좌석을 Platea, Palchi, Gallerie로 우선 나누고, 다시 Platea는 Zona(구역) 1, Palchi는 Zona 1~8, Gallerie는 zona 1~11로 구분한다. 이 구분에 따라서 티켓의 가격이 다르다.

Episodio 11

35 이 박물관은 몇 시까지 열지요?   **36 저는 이 엽서를 보내고 싶습니다.**

민수, 박물관에서...

Fino a che ora è aperto il museo?
피노 아 께 오라 에 아뻬르또 일 무제오?
이 박물관은 몇 시까지 열지요?

우피치(uffici) 박물관을 방문하기 위해 매표소에 들어선 민수, 관람시간에 대해 질문한다.

 Dialogo

Minsu : Buon giorno! Fino a che ora è aperto il museo?
부온 조르노! 피노 아 께 오라 에 아뻬르또 일 무제오?

Impiegata : Fino alle 5 di pomeriggio.
피노 알레 칭꿰 디 뽀메리죠.

Minsu : Quanto tempo ci vuole per fare tutto il giro?
꽌또 뗌뽀 치 부올레 뻬르 파레 뚜또 일 지로?

Impiegata : Dipende... circa 3 o 4 ore.
디뻰데... 치르까 뜨레 오 꽈뜨로 오레.

Minsu : C'è anche una guida turistica in inglese?
체 앙께 우나 구이다 뚜리스띠까 인 잉글레제?

Impiegata : Sì, due volte al giorno, alle 10 di mattina e alle 2 di pomeriggio.
시, 두에 볼떼 알 조르노, 알레 디에치 디 마띠나 에 알레 두에 디 뽀메리죠.

Minsu : Molte grazie!
몰떼 그라찌에!

◦ Vocabolario

fino a~ ~까지.
che ora 몇 시. che: 몇몇의. 뒤에 위치한 명사 ora를 수식하는 의문형용사.
è aperto (박물관은) 열려있다. è: (박물관은) ~이다. aperto: 열려있는.
il museo 박물관.
fino alle 5 5시까지. alle: a+le 전치사관사. le 5: 5시.
quanto tempo 얼마만큼의 시간. quanto: 얼마의. 뒤에 위치한 명사 tempo를 수식하는 의문형용사.
ci vuole~ ~이 필요하다. 시간이 걸리다.
tutto il giro 한 바퀴. tutto: 명사 il giro를 수식하는 부정(不定)형용사. 명사 il giro가 남성 단수이므로 명사와 형용사의 성수일치에 의해 tutto이다.
il giro 회전. 돌아다님.

dipende 사람에 따라 혹은 상황에 따라 다르다(inf. dipendere).
circa 대략.
una guida turistica 관광 안내원. una guida: 안내원. turistica: 관광의.
in inglese 영어로. in: ~수단으로. inglese: 영어.
due volte 두 번. due: 둘(2). volte: 회, 번.
al giorno 하루에. al: a+il 전치사관사. a: ~때에, 시간에. giorno: 날(日), 하루.
alle 10 di mattina 아침 10시에. alle: a+le 전치사관사. a: ~때에, 시간에.
alle 2 di pomeriggio 오후 2시에. pomeriggio: 오후.

민수 : 안녕하세요! 이 박물관은 몇 시까지 열지요?

여자 사무원 : 오후 5시까지 입니다.

민수 : 한 바퀴 다 돌아보려면 시간이 얼마나 걸리죠?

여자 사무원 : 어떻게 보느냐에 따라 다르죠.. 하지만 약 서너 시간 걸려요.

민수 : 영어 가이드도 있나요?

여자 사무원 : 예. 하루에 두 번, 아침 10시와 오후 2시에 있어요.

민수 : 대단히 감사합니다.

Espressione

Fino a che ora è aperto il museo? 이 박물관은 몇 시까지 열지요?

몇 시까지 영업을 하는지 질문할 때 사용하는 표현으로 'A che ora chiude il museo?' 라는 표현도 동일한 의미를 지닌다. 박물관에서 사용할 수 있는 다양한 표현을 알아보자.

A: A che ora chiude il museo? 박물관은 몇 시에 문을 닫나요?
B: Alle 5 di pomeriggio. 5시에요.

A: Si può far le foto? 사진을 찍을 수 있나요?
B: No, è vietato fotografare. 아니오. 사진을 찍는 것은 금지되어 있습니다.

A: Che cosa simboleggia questo quadro? 이 그림은 무엇을 상징하나요?
B: Simboleggia 'l'Universo'. 우주를 상징합니다.

C'è anche una guida turistica in inglese? 영어 가이드도 있나요?

'영어로', '프랑스어로' 등의 표현은 전치사 'in+언어'의 형태를 사용한다.

C'è anche una guida turistica in coreano? 한국어 가이드도 있나요?
Parliamo in italiano! (우리) 이탈리아어로 말합시다.
Traducete questo testo in francese! (너희들은) 이 텍스트를 프랑스어로 번역해라.

A: Quando parli in italiano, traduci prima alla tua lingua?
   너는 이탈리아어로 말할 때, 먼저 네 언어로 번역을 하니?
B: No. Adesso penso subito in italiano senza traduzione.
   아니. 지금은 번역하지 않고 즉시 이탈리아어로 생각해.

◎•Grammatica

✐ 직설법 현재 형태

arrivare(도착하다)

(io) arrivo	(noi) arriviamo
(tu) arrivi	(voi) arrivate
(lui/lei/Lei) arriva	(loro) arrivano

Arrivo fra 10 minuti da te. 나는 네게 10분 후에 도착한다.

comprare(~을/를 구입하다)

(io) compro	(noi) compriamo
(tu) compri	(voi) comprate
(lui/lei/Lei) compra	(loro) comprano

Compro un giornale. 나는 신문을 구입한다.

scendere(내려가다)

(io) scendo	(noi) scendiamo
(tu) scendi	(voi) scendete
(lui/lei/Lei) scende	(loro) scendono

Scendo a piedi. 나는 걸어서 내려간다.

vedere(~을/를 보다)

(io) vedo	(noi) vediamo
(tu) vedi	(voi) vedete
(lui/lei/Lei) vede	(loro) vedono

Vedo la gente che passa. 나는 지나가는 사람들을 본다.

partire(출발하다)

(io) parto	(noi) partiamo
(tu) parti	(voi) partite
(lui/lei/Lei) parte	(loro) partono

Fra due giorni parto per Roma. 나는 이틀 후에 로마로 떠난다.

Cultura

이탈리아식 fast food.

다른 유럽 국가들에 비해 이탈리아에서 소위 '햄버거'라 불리는 패스트푸드가 자리를 잡는데 상당한 시간이 소요되었다. 로마의 스페인 광장 옆에 맥도날드 가게가 개점한 것은 Slowfood라는 운동이 이탈리아에서 탄생하게 된 원인 중의 하나라고 할 수 있다. 햄버거는 아니지만 이탈리아의 대도시에는 바쁜 사람들을 위해 만들어 놓은 조각 피자가 있다. 자리에 앉기보다 서서 따끈따끈한 조각 피자를 맛보는 것도 여행 중의 묘미이다.

Vorrei spedire queste cartoline.
보레이 스뻬디레 꿰스떼 까르똘리네.

저는 이 엽서를 보내고 싶습니다.

한국에 있는 부모님과 친구들에게 기념엽서를 보내기 위해 우체국에 간 민수.

 Dialogo

Minsu: Vorrei spedire queste cartoline.
　　　　보레이 스뻬디레 꿰스떼 까르똘리네.

Impiegato: In Italia o all'estero?
　　　　　　인 이딸리아 오 알 에스떼로.

Minsu: A Seoul, Corea del Sud.
　　　　아 세울, 꼬레아 델 수드.

Impiegato: Vuole spedirle per posta normale o per posta prioritaria?
　　　　　　부올레 스뻬디를레 뻬르 뽀스따 노르말레 오 뻬르 뽀스따 쁘리오리따리아?

Minsu: Posta normale, per favore.
　　　　뽀쓰따 노르말레, 뻬르 파보레.

Impiegato: Bene, in totale 10 euro.
　　　　　　베네, 인 또딸레 디에치 에우로.

Vocabolario

spedire ~을/를 우송하다.
queste cartoline 이 엽서들. queste: 이. 뒤에 위치한 명사 cartoline를 수식하는 지시형용사(→ p. 38).
cartoline 엽서들.
impiegato 남자 사무원.
in Italia 이탈리아에. in: ~곳에.
o 혹은.
all'estero 해외에. allo estero의 축약 형태.
estero 해외, 국외.
vuole (당신은) ~을/를 원한다(inf. volere → p. 42).
spedirle 그것들을 우송하다. spedire+le의 결합 형태. le: 앞에 위치한 여성 복수 명사 cartoline를 대신하는 직접목적대명사 약형 3인칭 복수 형태(→ p. 176).
via ~통해서.
posta normale 보통 우편. posta: 우편.
normale 보통의.
posta prioritaria 특급 우편. prioritaria: 특급의, 우선의. 앞에 위치한 명사 posta를 수식하는 품질형용사(→ p. 70). 명사 posta가 여성 단수이므로 명사와 형용사의 성수일치에 의해 prioritaria이다. 남성 단수 명사를 수식하면 prioritario.
in totale 모두 합해서.

민수 : 저는 이 엽서를 보내고 싶습니다.
남자 사무원 : 이탈리아요 아니면 해외요?
민수 : 대한민국 서울요.
남자 사무원 : 보통 우편으로 보내시겠습니까 아니면 특급 우편으로 보내시겠습니까?
민수 : 보통 우편으로 보내주세요.
남자 사무원 : 좋습니다. 전부 10 유로입니다.

○• Espressione

Vorrei spedire queste cartoline. 저는 이 엽서를 보내고 싶습니다.

이 표현은 우체국에서 엽서를 보낼 때 흔히 사용하는 표현이다. 우편에 관련된 여러 표현을 알아보자.

Dov'è l'uffcio postale più vicino? 가장 가까운 우체국이 어디에 있습니까?
C'è un ufficio postale qui vicino? 이 근처에 우체국이 있나요?
Mi dia un modulo per raccomandata, per favore? 등기를 위한 양식을 주시겠어요?
Vorrei comprare i francobolli per spedire questa lettera in Corea del Sud.
  이 편지를 한국으로 보내기 위한 우표를 구입하고 싶습니다.

Vorrei spedire questa lettera per raccomandata a Milano.
  저는 이 편지를 밀라노에 등기로 보내고 싶습니다.
Vorrei spedire questo pacco via aerea a Seoul.
  저는 이 소포를 서울에 항공편으로 보내고 싶습니다.
* '선박편으로' 라고 말하고자 할 경우에는 'via mare' 라고 하면 된다.

Dove posso comprare i francobolli? 어디서 우표를 구입할 수 있나요?
Dove devo mettere il nome e l'indirizzo del mittente(destinatario)?
  어디에 발신자(수신자)의 이름과 주소를 적어야 하나요?

A: A quale sportello dovrei andare per spedire questa lettera?
    이 편지를 부치기 위해서는 어느 창구로 가야하나요?
B: Lo sportello numero 3. 3번 창구요.

A: Che cosa contiene dentro la scatola? 상자 안에 무엇이 들어있나요?
B: Sono dei libri. 책입니다.

Grammatica

🖋 직접목적대명사.

직접목적대명사는 앞에 나온 사물을 직접 대신하는 품사로 사람을 대신하는 직접목적인칭대명사 약형 형태 중에서 lo, la, li, le이다. 이 대명사들의 위치는 '직접목적인칭대명사 약형'의 위치와 마찬가지로 '동사 앞'이다. 다음의 예문에서와 같이 lo는 앞에 나온 '남성 단수'를, la는 앞에 나온 '여성 단수'를, li는 앞에 나온 '남성 복수'를, le는 앞에 나온 '여성 복수'를 받는다.

① Prendo **il libro** e **lo** metto sul tavolo.
나는 책을 집어서 그것을 테이블 위에 놓는다.

② Prendo **la penna** e **la** metto sul tavolo.
나는 펜을 집어서 그것을 테이블 위에 놓는다.

③ Prendo **i libri** e **li** metto sul tavolo.
나는 책들을 집어서 그것들을 테이블 위에 놓는다.

④ Prendo **le penne** e **le** metto sul tavolo.
나는 펜들을 집어서 그것들을 테이블 위에 놓는다.

🖋 직접목적대명사와 조동사

직접목적대명사가 조동사와 함께 사용될 경우, 그 위치는 조동사의 앞 혹은 조동사 뒤에 위치하는 본동사 뒤에 위치한다(본동사의 마지막 모음인 e를 생략하고 직접목적대명사를 첨부).

① Lo vorrei mettere sul tavolo(= Vorrei metter**lo** sul tavolo).
나는 그것을(lo=il libro) 테이블 위에 놓고 싶다.

② La vorrei mettere sul tavolo(= Vorrei metter**la** sul tavolo).
나는 그것을(la=la penna) 테이블 위에 놓고 싶다.

③ Li vorrei mettere sul tavolo(= Vorrei metter**li** sul tavolo).
나는 그것들을(li=i libri) 테이블 위에 놓고 싶다.

④ Le vorrei mettere sul tavolo(= Vorrei metter**le** sul tavolo).
나는 그것들을(le=le penne) 테이블 위에 놓고 싶다.

Cultura

이탈리아 우편

필자가 유학하던 시절인 1990년대까지만 하더라도 이탈리아에서 우리나라로 편지를 한 통 보내면 기본적으로 15일~20일이 걸렸다. 그나마 제대로 도착하면 다행이라고 생각했던 기억이 있다. 하지만 2000년대에 들어 이탈리아의 우편 상황도 많이 향상되어 우리나라와의 우편 거래도 시일이 매우 단축되었고 정확하게 도착하는 것 같다. 이탈리아 우편집배원과 시인(詩人) 파블로 네루다 그리고 쪽빛 지중해를 수놓는 시(詩)와 음악을 한자리에서 만나고 싶다면 마이클 레드포드가 감독한 영화 'Il postino'(1994년)를 감상해보자.

Episodio 12

37 '팔리오'가 무슨 뜻이에요?
38 이탈리아에는 어떤 중요한 명절들이 있는지 말씀해 주시겠어요?
39 몇 가지 맛을 선택할 수 있죠?

민수, 시에나에서...

Che cosa vuol dire 'Palio'?
께 꼬자 부올 디레 '빨리오'?

'팔리오'가 무슨 뜻이에요?

매년 여름마다 팔리오 경주가 열리는 시에나에 도착한 민수, 시청의 문화 담당관과 팔리오 축제에 대해서 이야기를 나눈다.

🎧 Dialogo

Minsu : Buon giorno signore! Mi chiamo Minsu e vengo da Seoul.
부온 조르노 시뇨레! 미 끼아모 민수 에 벵고 다 세울.
Potrei farLe qualche domanda?
뽀뜨레이 파를레 꽐께 도만다?

Addetto culturale : Certo! Mi dica pure!
치르또! 미 디까 뿌레!

Minsu : Prima di tutto, che cosa vuol dire 'Palio'?
쁘리마 디 뚜또, 께 꼬자 부올 디레 '빨리오'?

Addetto culturale : 'Palio' vuol dire 'drappo o stendardo, ricamato o dipinto'.
'빨리오' 부올 디레 '드라뽀 오 스뗀다르도, 리까마또 오 디삔또'.

Minsu : Perché si chiama 'Palio'?
뻬르께 시 끼아마 '빨리오'?

Addetto culturale : Perché dopo la corsa dei cavalli, il cardinale e il sindaco
뻬르께 도뽀 라 꼬르사 데이 까발리, 일 까르디날레 에 일 신다꼬
consegnano il palio al vincitore.
꼰세냐노 일 빨리오 알 빈치또레.

Minsu : Vengono tanti spettatori?
벵고노 딴띠 스뻬따또리?

Addetto culturale : Sì, vengono in tantissimi da tutto il mondo.
시, 벵고노 인 딴띠시미 다 뚜또 일 몬도.

🔵 Vocabolario

potrei : (나는) ~을/를 할 수 있다(*inf.* potere → p. 52).
farLe : 당신에게 ~을/를 하다. fare+Le의 결합 형태. **fare :** ~을/를 하다. **Le :** 당신에게(→ p. 78).
qualche domanda : 몇 가지 질문.
addetto culturale : 문화 담당관.
prima di tutto : 우선, 무엇보다도.
vuol dire~ : (Palio는) ~을/를 의미하다. **vuole :** ~을/를 원하다(*inf.* volere → p. 40).
palio : 수를 놓거나 그림을 그린 직물 또는 깃발.
drappo : 직물, 옷감. / **stendardo :** 깃발.
ricamato : 수를 놓은. / **dipinto :** 그림을 그린.
la corsa dei cavalli : 경마.
il cardinale : 추기경.
il sindaco : 시장(市長).
consegnano : (추기경과 시장은) ~을/를 전달한다 (*inf.* consegnare → p. 182).
al vincitore : 승리자에게.
vengono : (구경꾼들이) 오다(*inf.* venire → p. 116).
da tutto il mondo : 전세계로부터.

민수 : 안녕하세요, 선생님. 저는 민수라고 합니다. 서울에서 왔어요.
        몇 가지 질문해도 되죠?
문화 담당관 : 물론이죠. 말씀하세요.
민수 : 우선, '팔리오'가 무슨 뜻이에요?
문화 담당관 : '팔리오'란 '수를 놓거나 그림을 그린 천 혹은 깃발'이라는 의미입니다.
민수 : 왜 '팔리오'라고 불리죠?
문화 담당관 : '팔리오'라고 부르는 것은 말 경주가 끝난 다음에 우승자에게 시장과 추기경이 팔리오
        를 수여하기 때문이에요.
민수 : 구경꾼들이 많이 오나요?
문화 담당관 : 예. 전세계로부터 수많은 사람이 옵니다.

Espressione

🖉 Potrei farLe qualche domanda? 몇 가지 질문해도 되죠?

상대방에게 질문을 하고자 할 때 허락을 청하는 표현이다. 상기한 표현 이외에도 다음과 같은 다양한 표현을 사용해서 질문을 해보자.

Ho una domanda. 질문 하나 있습니다.
Ho qualche domanda. 몇 가지 질문이 있습니다.

A: Potrei fare due domande? 두 가지 질문해도 되겠습니까?
B: Certo! 물론이죠.

A: Signori, avete qualche domanda? 여러분, 질문 있으신가요?
B: No, non ne abbiamo nessuna. 아니오. 아무것도 없습니다.

🖉 Che cosa vuol dire 'Palio'? '팔리오'가 무슨 뜻이에요?

이 표현은 특히 모르는 단어가 있을 경우에 유용하게 사용할 수 있는 표현이다. 'vuol dire' 대신 'significa'를 사용해도 의미는 동일하다.

A: Che cosa vuol dire 'cena'? 'cena'는 무슨 뜻이죠?
B: Vuol dire 'pasto serale'. '저녁 식사'라는 뜻이에요.

A: Che cosa significa 'telefonino'? 'telefonino'가 무슨 뜻이죠?
B: Significa 'telefono portatile'. '휴대폰'이라는 뜻이에요.

Grammatica

직설법 현재 형태 : avere(~을/를 가지다)

Avere동사는 일반적으로 '소유'를 나타내며, 영어의 have 동사에 해당한다.

(Io)	ho	un telefonino. 나는 휴대폰을 가지고 있다.
(Tu)	hai	un telefonino. 너는 휴대폰을 가지고 있다.
(Lui)	ha	un telefonino. 그 남자는 휴대폰을 가지고 있다.
(Lei)		un telefonino. 그 여자는 휴대폰을 가지고 있다.
(Lei)		un telefonino. 당신은 휴대폰을 가지고 있다.
(Noi)	abbiamo	un telefonino. 우리들은 휴대폰을 가지고 있다.
(Voi)	avete	un telefonino. 너희들(당신들)은 휴대폰을 가지고 있다.
(Loro)	hanno	un telefonino. 그들은 휴대폰을 가지고 있다.

Avere 동사는 다음과 같은 경우에 관용적으로 사용된다.

Ho 22 anni. 나는 22살이다. (22 = ventidue)
Ho fame! 나는 배가 고프다.
Ho sete! 나는 목이 마르다.
Ho sonno! 나는 잠이 온다!
Ho ragione! 내가 옳다.
Ho torto! 내가 틀렸다.
Ho da fare! 나는 할 일이 있다.
Ho mal di denti! 나는 이가 아프다.
Ho mal di stomaco! 나는 배가 아프다.
Ho una macchina nuova. 나는 새 차를 가지고 있다.

직설법 현재 형태 : consegnare(~을/를 전달하다)

(io) consegno	(noi) consegniamo
(tu) consegni	(voi) consegnate
(lui/lei/Lei) consegna	(loro) consegnano

Il postino consegna un pacco a me. 집배원이 소포를 내게 전달한다.
Consegniamo il bambino alla maestra. 우리는 아이를 여선생님께 맡긴다.
Loro consegnano le merci molto veloce. 그들은 물건을 매우 빨리 전달한다.

Cultura

영화 속 명소 (3) : 007 시리즈
퀀텀 오브 솔라스 (Quantum of Solace)

2008년도 말에 개봉한 007 시리즈 퀀텀 오브 솔라스(Quantum of Solace)의 촬영지 중의 한 곳이 바로 이탈리아 중부에 위치한 중세 도시 시에나(Siena)의 중앙에 위치한 깜뽀 광장(Piazza del Campo)이다. 부챗살 모양의 깜뽀 광장에서는 매년 7월 2일과 8월 16일에 말 경주 대회가 개최되며, 이 경주를 보기 위해 전세계로부터 수많은 관광객이 몰려들어 대성황을 이룬다.

Mi può dire quali sono le feste nazionali più importanti in Italia? 이탈리아에는 어떤 중요한 명절들이 있는지 말씀해 주시겠어요?

팔리오 경주에 대해 설명을 들은 민수, 시청의 문화 담당관에게 이탈리아의 명절에 대해서도 질문한다.

 Dialogo

Minsu: Mi può dire quali sono le feste nazionali più importanti in Italia?
Addetto culturale: Le feste più importanti in Italia sono il Capodanno, il Carnevale, la Pasqua e il Natale.
Minsu: Che cosa fanno gli italiani durante le feste?
Addetto culturale: Di solito durante il periodo festivo, tanta gente va a trovare la famiglia.
Minsu: Quanti giorni chiudono le ditte durante questo periodo?
Addetto culturale: Da una settimana fino a dieci giorni.

Vocabolario

mi 내게, 나에게(→ p. 80).
può (당신은) ~을/를 할 수 있다(inf. potere → p. 52).
dire ~을/를 말하다.
quali 어느, 무슨.
le feste nazionali 국가적인 명절들. le feste: 명절들, 축제들.
più 더. importanti: 중요한. 앞에 위치한 명사 feste를 수식하는 품질형용사(→ p. 70).
il Capodanno 1월 1일. / il Carnevale 카니발.
la Pasqua 부활절. / il Natale 크리스마스.
fanno (이탈리아 사람들은) ~을/를 하다(inf. fare → p. 114).

il periodo festivo 명절 기간, 축제 기간.
tanta gente 많은 사람. tanta: 많은. 명사 gente를 수식하는 부정(不定)형용사.
va a~ (사람들은) ~하러 가다. va: (많은 사람들은) 간다(inf. andare → p. 34)
trovare ~을/를 만나다, ~을/를 발견하다.
quanti 얼마나. 뒤에 위치한 명사 giorni를 수식하는 의문형용사.
chiudono (회사들은) 닫는다(inf. chiudere).
le ditte 회사들.
questo periodo 이 기간.
una settimana 일주일.

민수 : 이탈리아에는 어떤 중요한 명절들이 있는지 말씀해 주시겠어요?

문화 담당관 : 이탈리아에서 가장 중요한 명절들은 설날, 카니발, 부활절 그리고 크리스마스입니다.

민수 : 이탈리아 사람들은 명절 동안 무엇을 하나요?

문화 담당관 : 일반적으로 많은 사람이 명절 기간에 가족을 만나러 가지요.

민수 : 이 기간 동안 회사들은 며칠 정도 문을 닫나요?

문화 담당관 : 1주일에서 10일 정도요.

● Espressione

Mi può dire quali sono le feste nazionali più importanti in Italia?
이탈리아에는 어떤 중요한 명절들이 있는지 말씀해 주시겠어요?

'Mi può dire~'는 상대방에게 격식적으로 '~을/를 말씀해 주시겠습니까?'라고 질문하는 전형적인 표현 중 한 가지로, 'Può dirmi~' 혹은 조건법 형태를 사용해서 'Potrebbe dirmi~(= Mi potrebbe dire~)'로 대신할 수 있다. 서로 잘 아는 사이에는 'Mi puoi dire~(= Puoi dirmi~)' 혹은 'Potresti dirmi~(= Mi potresti dire~)'라고 말한다. '명절들'을 의미하는 'feste'가 여성 복수 명사이므로 이에 관련된 의문사(quali), 동사(sono), 관사(le), 형용사(nazionali, importanti) 등도 성수일치에 의해 모두 여성 복수 형태를 취한다. 한국에서 여러 명절 중에 가장 중요한 명절 한 가지가 무엇인지 질문한다면 다음과 같다.

A: Mi può dire qual è la festa nazionale più importante in Corea?
　　한국에서 어떤 명절이 가장 중요한지 말씀해 주시겠어요?
B: Il giorno del ringraziamento. 추석입니다.

Le feste più importanti in Italia sono il Capodanno, il Carnevale, la Pasqua e il Natale.
이탈리아에서 가장 중요한 명절들은 설날, 카니발, 부활절 그리고 크리스마스입니다.

'이탈리아에서 가장 중요한 명절들'을 나타내는 'Le feste più importanti in Italia'는 이탈리아에는 여러 명절들이 있지만 '그 중에서도 상대적으로 가장 중요한 명절들'을 의미하는 '상대적 최상급'(→ p. 186) 문장이다. Capodanno, Carnevale 등의 명절 이름은 고유 명사이므로 첫 글자를 항상 대문자로 표기한다.

Grammatica

✐ 상대적 최상급

'상대적 최상급'은 다른 사물 또는 사람과 비교를 해서 상대적으로 최고 혹은 최저를 의미하며, 일반적으로 '~중에서 제일 ~하다' 혹은 '~중에서 제일 ~하지 않다'로 해석한다.

상대적 최상급의 형태: 정관사+più(혹은 meno)+형용사
이 경우 주어의 성수와 정관사와 형용사의 성수가 일치해야 하는 점에 주의해야 한다.

1) Mario è **il più** brav**o** della sua classe.
   마리오는 그의 학급에서 제일 똑똑하다.

2) Anna è **la più** brav**a** della sua classe.
   안나는 그녀의 학급에서 제일 똑똑하다.

3) Carlo è **il meno** brav**o** della sua classe.
   까를로는 그의 학급에서 제일 똑똑하지 않다.

4) Paola è **la meno** brav**a** della sua classe.
   빠올라는 그녀의 학급에서 제일 똑똑하지 않다.

상대적 최상급의 형태는 또한 '정관사+명사+più(혹은 meno)+형용사'의 형태를 취할 수 있다.

1) Mario è **il ragazzo più** brav**o** della sua classe.
   마리오는 그의 학급에서 제일 똑똑한 소년이다.

2) Anna è **la ragazza più** brav**a** della sua classe.
   안나는 그녀의 학급에서 제일 똑똑한 소녀이다.

3) Carlo è **il ragazzo meno** brav**o** della sua classe.
   까를로는 그의 학급에서 제일 똑똑하지 않은 소년이다.

4) Paola è **la ragazza meno** brav**a** della sua classe.
   빠올라는 그녀의 학급에서 제일 똑똑하지 않은 소녀이다.

Cultura

이탈리아 명절들

이탈리아 명절은 대부분 종교와 깊은 관련을 지니고 있다. 다른 나라들과 마찬가지로 새해 첫날인 1월 1일(Capodanno)은 공휴일이며, 매년 약간의 차이는 있지만 3월~4월 초에 있는 부활절(Pasqua) 그리고 크리스마스(Natale)가 대표적인 명절이다. 부활절 기간이 다가오면 만나는 사람끼리 서로 'Buona Pasqua!' 하고 인사를 나누며, 크리스마스 시기에는 'Buon Natale!' 하고 인사를 나눈다. 부활절에는 평화를 상징하는 비둘기 모양의 Colomba라는 빵을 먹으며, 크리스마스 시기에는 Panettone 혹은 Pan d'oro라는 빵을 먹는다.

Quanti gusti posso scegliere?
꽌띠   구스띠   뽓소   쉘리에레?
몇 가지 맛을 선택할 수 있죠?

 '아이스크림' 하면 이탈리아, 이탈리안 아이스크림을 맛보는 민수.

 **Dialogo**

Commessa: Che gusti vuole?
께 구스띠 부올레?
Minsu: Quanti gusti posso scegliere?
꽌띠 구스띠 뽓소 쉘리에레?
Commessa: Quanti ne vuole... fino a tre gusti va bene.
꽌띠 네 부올레... 피노 아 뜨레 구스띠 바 베네.
Minsu: Se è così, vorrei prendere fragola e limone.
세 에 꼬지, 보레이 쁘렌데레 프라골라 에 리모네.
Commessa: Vuole cono o coppetta?
부올레 꼬노 오 꼬뻬따?
Minsu: La coppetta, per favore.
라 꼬뻬따, 뻬르 파보레.
Commessa: Eccola... 2 euro.
에꼴라... 두에 에우로.

Vocabolario

commessa: 여자 점원.
che gusti: 어떤 맛.
gusti: 맛. (단수형 gusto)
quanti gusti: 몇 가지의 맛.
posso: (나는) ~을/를 할 수 있다(*inf.* potere → p. 52).
scegliere: ~을/를 선택하다.
quanti ne vuole: (당신이) 원하는 만큼. quanto: ~만큼.
ne: 약간의 수량을 지시하는 대명사(→ p. 244).
o: 또는, 혹은.
va bene: (두 가지 혹은 세 가지 맛이) 괜찮다.
va: 동사 andare의 직설법 현재(→ p. 34) 3인칭 단수 형태.
se: 만일 ~이라면.
così: 그렇게.
vorrei: (나는) ~을/를 원한다(*inf.* volere → p. 42).
prendere: ~을/를 먹다, ~을/를 가지다.
fragola: 딸기.
limone: 레몬.
cono: 콘.
coppetta: 작은 컵(→ p. 190).
eccola: 직역하면 "여기에 그것이 있습니다"이다. ecco+la의 결합 형태.

여 종업원 : 어떤 맛을 원하세요?

민수 : 몇 가지 맛을 선택할 수 있죠?

여 종업원 : 원하는 만큼요... 세 가지 맛까지 선택할 수 있어요.

민수 : 그렇다면, 딸기하고 레몬을 먹고 싶어요.

여 종업원 : 콘으로 원하세요, 컵으로 원하세요?

민수 : 컵으로 주세요.

여 종업원 : 여기 있습니다... 2유로에요.

Espressione

✏ Che gusti vuole? 어떤 맛을 원하세요?

선택할 사항이 여러 가지가 있는 경우에는 의문사 che를 사용한다. 이곳에서 che는 뒤에 위치한 명사 gusti를 수식하는 의문형용사로 사용되었다. 만일에 선택할 사항이 2~3가지로 한정되어 있다면 quale를 사용한다. Che는 수식하는 명사의 성수에 관계없이 형태가 항상 che이지만, quale의 경우는 수식하는 명사의 성수에 형태가 변한다. 서로 잘 아는 사이에는 vuole 대신 vuoi를 사용한다. Quali gusti vuoi? 너는 어떤 맛을 원하니?

✏ Quanti ne vuole... fino a tre gusti va bene. 원하는 만큼요... 세 가지 맛까지 선택할 수 있어요.

'Quanti ne vuole'는 '당신이 원하는 만큼'이라는 의미로 서로 잘 아는 사이에는 'Quanti ne vuoi'라고 말한다. 여기서 ne는 전체 중에서 일부분을 대신하는데, 일반적으로 뒤에 uno, due, tre 등의 숫자나 molto, poco 등의 수량을 나타내는 단어가 나온다.

✏ Se è così, vorrei prendere fragola e limone. 그렇다면, 딸기하고 레몬을 먹고 싶어요.

조동사 vorrei 다음에 동사가 올 경우에는 반드시 동사원형이 온다. 동사 prendere는 문맥에 따라 다양한 의미를 지닌다. 이곳에서는 '~을/를 먹다(선택하다)'의 의미로 사용되었다. 이 문장은 'Se è così, vorrei fragola e limone'로 축약하거나, prendere 동사의 조건법 현재 형태를 사용해서 'Se è così, prenderei fragola e limone'로 할 수 있다.

✏ Eccola. 여기 있습니다.

이 문장을 직역하면 '여기에 그것(la coppetta)이 있습니다'이다. 명사 la coppetta가 여성 단수이므로 직접목적대명사 약형 la를 사용하여 표현했다. 만일에 앞에 위치한 남성 단수 명사를 대신한다면 'Eccolo'라고 한다.

Grammatica

변의형 어미

명사 혹은 형용사에 접미사가 사용되어 단어의 뉘앙스를 변화시키는 의미를 말한다.

1) 축소형 : 명사의 마지막 모음을 제거하고 –ino/a, –etto/a, –ello/a, –icciolo/a, –icello/a 등의 접미사를 붙인다. 명사의 의미에 '작다'는 의미를 부여한다.
   fratello 남동생 → fratellino 어린 남동생
   casa 집 → casina 작은 집.
   libro 책 → libretto 수첩
   coppa 컵 → coppetta 작은 컵
   asino 당나귀 → asinello 작은 당나귀
   orto 채소밭 → orticello 작은 채소밭
   sasso 돌 → sassolino 조약돌
   bella 예쁜 → bellina 작고 예쁜

2) 확대형 : 명사의 마지막 모음을 제거하고 –one/a 등의 접미사를 붙인다. 명사의 의미에 '크다'는 의미를 부여한다.
   cane 개 → cagnone 커다란 개
   naso 코 → nasone 커다란 코
   ombrello 우산 → ombrellone 파라솔
   pancia 배 → pancione 불룩 나온 배

3) 경멸형 : 명사의 마지막 모음을 제거하고 –accio/a, –astro/a, –ucolo/a 등의 접미사를 붙인다. 명사의 의미에 '좋지 않다'는 의미를 부여한다.
   tempo 날씨 → tempaccio 나쁜 날씨
   carattere 성격 → caratteraccio 좋지 않은 성격
   politico 정치가 → politicastro 나쁜 정치가
   dottore 의사 → dottorucola 돌팔이 의사

4) 축소 및 애칭형 : 명사의 마지막 모음을 제거하고 –otto/a, –uccio/a, –acchiotto/a 등의 접미사를 붙인다. 명사의 의미에 '작고 예쁘다'는 의미를 부여한다.
   bambola 인형 → bambolotta 작고 예쁜 인형
   cavallo 말(馬) → cavalluccio 작고 예쁜 말
   gatto 고양이 → gattuccio 작고 예쁜 고양이
   orso 곰 → orsacchiotto 작고 예쁜 곰

이탈리아 아이스크림

Cultura

유럽을 여행하다보면 인기가 많은 아이스크림 가게들을 만날 수 있는데, 거의 대부분 이탈리아 사람들이 운영하는 가게이다. 최근에 에스프레소 커피 외에 이탈리아 아이스크림 가게가 우리나라까지 들어오는 것을 보면 맛이 좋음에 틀림없다. 여러 가지 과일 아이스크림을 비롯해서, 요구르트, 초콜릿, 녹차 그리고 쌀 아이스크림에 이르기까지 그 종류도 매우 다양하다. 이탈리아 아이스크림이 맛있는 이유는 그들만이 가진 노하우가 있기 때문이기도 하겠지만, 가게 주인들을 만나서 이야기 해보면 가장 중요한 것이 신선한 우유와 과일을 아낌없이 적당하게 잘 사용하는 것이라고 한다.

Episodio 13

40 '슬로우시티' 운동은 언제 탄생했나요?
41 적포도주를 좋아하세요 아니면 백포도주를 좋아하세요?
42 머리가 아프고 열도 조금 있어요.   43 감기약을 원합니다.

민수, 끼안띠에서...

Quando è nato il movimento 'Cittaslow'?
꽌도   에 나또   일 모비멘또   '치따슬로'?
'슬로우시티' 운동은 언제 탄생했나요?

포도주로 유명한 이탈리아 중부 토스카나 지역에 위치한 끼안띠 지역을 방문한 민수, 슬로우시티 운동의 본산지인 끼안띠 인 그레베(Chianti in Greve)시를 방문해서 시청 직원인 Carlo씨와 대화를 나눈다.

🎧 Dialogo

Minsu: Potrebbe spiegarmi che cosa è il 'Cittaslow'?
뽀뜨렙베   스삐에가르미   께 꼬자 에 일 '치따슬로'?

Sig. Carlo: È un movimento che allarga la filosofia dello Slow Food,
에 운 모비멘또   께 알라르가 라 필로소피아 델로 슬로 푸드,

applicando i concetti dell'ecogastronomia alla vita quotidiana.
아쁠리깐도 이 꼰체띠 델 에꼬가스뜨로노미아   알라 비따 꿔띠디아나.

Minsu: Quando è nato il movimento 'Cittaslow'?
꽌도   에 나또 일 모비멘또   '치따슬로'?

Sig. Carlo: È nato nel 1999 da un'idea del sindaco di Greve in Chianti, Paolo
에 나또 넬 밀레노베첸또노반따노베 다 우니데아 델 신따꼬 디 그레베 인 끼안띠, 빠올로

Saturnini.
사뚜르니니.

Minsu: Quante città sono iscritte attualmente a questo movimento?
꽌떼 치따 소노 이스끄리떼 아뚜알멘떼 아 꿰스또 모비멘또?

Sig. Carlo: Attualmente* circa 100 città di 16 Paesi nel mondo.(* fine del
아뚜알멘떼   치르까 첸또 치따 디 세디치 빠에지 넬 몬도.

2008)

⊙• Vocabolario

potrebbe (당신은) ~을/를 할 수 있다(inf. potere → p. 52).
spiegarmi 내게 설명을 하다. spiegare+mi의 결합 형태. spiegare: 설명을 하다.
mi 내게(→ p. 80).
è nato (운동이) 탄생했다. 동사 nascere의 직설법 근과거 형태(→ p. 98).
il movimento 'Cittaslow' 슬로우시티 운동. il movimento: 운동.
da un'idea 아이디어로부터. da: ~로 부터.
un'idea 아이디어, 생각. una idea의 축약 형태.
del sindaco 시장의.
di Greve in Chianti 그레베 인 키안티의. di: ~의. Greve in Chianti: 지역 이름.
quante città 몇 개의 도시들. quante: 몇 개의. 뒤에 위치한 명사 città를 수식하는 의문형용사.
sono iscritte (도시들이) 등록을 했다.
attualmente 현재.
a questo movimento 이 운동에. a: ~곳에.
100 città di 16 Paesi 16개 국가의 100개 도시.
nel mondo 세계에.
* fine del 2008 2008년도 말. fine: 끝.

민수 : '슬로우시티'가 무엇인지 설명해 주시겠어요?

까를로씨 : 친환경 음식의 개념을 일상생활에 적용하며, 슬로우푸드 철학을 확대시키는 운동입니다.

민수 : '슬로우시티' 운동은 언제 탄생했나요?

까를로씨 : 1999년에 그레베 인 끼안띠 시장인 파올로 사투르니니의 아이디어에 의해 탄생되었습니다.

민수 : 이 운동에 가입한 도시들은 현재 몇 개나 되나요?

까를로씨 : 현재* 세계적으로 16개국 100여개 도시입니다. (*2008년 말)

Espressione

Potrebbe spiegarmi che cosa è il 'Cittaslow'?
"슬로우시티"가 무엇인지 설명해 주시겠어요?

'Potrebbe spiegarmi~'는 상대방에게 격식적으로 '~을/를 설명해 주시겠습니까?'라고 질문하는 전형적인 표현 중 한 가지로, 'Mi potrebbe spiegare~' 혹은 potere 동사의 직설법 형태를 사용해서 'Può spiegarmi~(= Mi può spiegare~)'로 대신할 수 있다. 서로 잘 아는 사이에는 'Potresti spiegarmi~(= Mi potresti spiegare~)' 혹은 'Puoi spiegarmi~(= Mi puoi spiegare~)'라고 말한다. Cittaslow는 '도시'를 의미하는 이탈리아어 'città'와 '느린'을 의미하는 영어 단어인 'slow'가 합성된 단어이다.

Quando è nato il movimento 'Cittaslow'?
슬로우시티 운동은 언제 탄생했나요?

위 문장은 직설법 근과거(→ p. 98) 문장이다. 직설법 근과거는 과거에 실제로 발생한 사건을 나타낸다. 직설법 근과거는 'essere 또는 avere 동사의 직설법 현재+과거분사'의 형태를 지닌다. 그러므로 이 문장에서 직설법 근과거 형태를 나타내는 것은 'è nato'이다. nato는 동사 nascere의 과거분사이다. 주의해야 할 사항은 essere 동사를 보조 동사로 사용하는 경우, 과거분사의 형태는 반드시 주어의 성수와 일치해야 한다는 점이다. 이 문장에서 주어가 남성 단수인 il movimento이므로 nato이다. 주어가 여성 단수라면 nata이어야 한다.

A: Signor Mario, quando è nato? 마리오씨, 언제 태어나셨어요?
B: Sono nato nel 1940. 1940년에 태어났습니다.

A: Signora Anna, quando è nata? 안나 부인, 언제 태어나셨어요?
B: Sono nata nel 1930. 1930년에 태어났습니다.

Grammatica

✎ 직설법 현재 : contenere, spedire, vedere

1) contenere(~을/를 담다, 수용하다)

(io) contengo	(noi) conteniamo
(tu) contieni	(voi) contenete
(lui/lei/Lei) contiene	(loro) contengono

L'aula contiene 30 alunni. 교실은 30명의 학생을 수용한다.
I prodotti contengono le sostanze chimiche. 이 제품은 화학 물질을 포함하고 있다.

2) spedire(~을/를 우송하다, 보내다)

(io) spedisco	(noi) spediamo
(tu) spedisci	(voi) spedite
(lui/lei/Lei) spedisce	(loro) spediscono

Spedisco questa lettera per raccomandata. 나는 이 편지를 등기로 보낸다.
Lui spedisce una e-mail al suo amico. 그는 그의 친구에게 이메일을 보낸다.

3) spiegare(~을/를 설명하다)

(io) spiego	(noi) speighiamo
(tu) spieghi	(voi) spiegate
(lui/lei/Lei) spiega	(loro) spiegano

Ti spiego quella faccenda molto dettagliatamente.
　나는 네게 그 사건을 매우 상세하게 설명한다.
L'insegnante spiega la storia d'Italia agli allievi.
　선생님은 이탈리아 역사를 학생들에게 설명한다.

4) vedere(~을/를 보다)

(io) vedo	(noi) vediamo
(tu) vedi	(voi) vedete
(lui/lei/Lei) vede	(loro) vedono

Vedo un gruppo di persone al centro. 나는 시내에서 한 무리의 사람을 본다.
Lui vede la cima del monte. 그는 산 꼭대기를 본다.
Non vediamo niente nella nebbia. 우리는 안개 속에서 아무것도 보지 못한다.

Cultura

슬로우푸드,
슬로우시티의 나라

1990년대 초만 하더라도 서울에 이탈리아 식당이 손으로 꼽을 정도였다. 하지만 지난 해(2008년)에 서울 소재 이탈리아 무역관(ICE)에서 조사한 것을 보면 서울에만 약 700곳 정도라고 한다. 물론 이 숫자는 정통 이탈리아 식당을 포함하여 간단한 이탈리아 음식을 다루는 식당을 포함한 수치이긴 하지만 그 수가 폭발적으로 증가했음을 알 수 있다. 우리 음식도 마찬가지지만 이탈리아 요리 또한 대표적인 슬로우푸드에 속한다. 이탈리아 북서부의 작은 마을 Bra에서 탄생한 슬로우푸드(Slow Food) 운동과 중부의 작은 마을 Greve in Chianti에서 탄생한 슬로우시티(Cittaslow) 운동 모두 건강한 삶을 위한 것이다.

Preferisce il vino rosso o quello bianco?
쁘레페리쉐　　일 비노　롯소　오 꿸로　비앙꼬?
적포도주를 좋아하세요 아니면 백포도주를 좋아하세요?

포도주에 관심이 많은 민수, 포도주를 시음할 수 있고, 구입도 할 수 있는 Enoteca에서 주인인 Marco씨와 포도주에 관한 이야기를 나눈다.

🎧 Dialogo

Minsu : Signor Marco, preferisce il vino rosso o quello bianco?
시뇨르 마르고, 쁘레페리쉐 일 비노 롯소 오 꿸로 비앙꼬?

Marco : Personalmente preferisco il vino rosso.
뻬르소날멘떼 쁘레페리스꼬 일 비노 롯소.

Minsu : Ho sentito che ci sono tanti vitigni autoctoni in Italia.
오 센띠또 께 치 소노 딴띠 비띠니 아우똑또니 인 이딸리아.

Quanti vitigni autoctoni ci sono?
꽌띠 비띠니 아우똑또니 치 소노?

Marco : Sangiovese, Malvasia, Nero d'Avola eccetera.. circa 500.
산조베제, 말바지아, 네로 다볼라 에체떼라.. 치르까 칭꿰첸또.

Questo è il potenziale del vino italiano.
꿰스또 에 일 뽀뗀찌알레 델 비노 이딸리아노.

●∙ Vocabolario

preferisce (당신은) ~을/를 선호하다(*inf.* preferire → p. 144).
o 혹은, 아니면.
quello bianco 그 흰 (포도주), 하얀 (포도주).
bianco 하얀.
personalmente 개인적으로.
mi piace (나는) ~을/를 좋아한다(→ p. 80).
piace 좋아하다, 마음에 들다(*inf.* piacere).
ho sentito (나는) ~을/를 들었다.
ci sono~ ~들이 있다.
tanti vitigni autoctoni 많은 고유 품종. tanti: 많은. 뒤에 위치한 명사 vitigni를 수식하는 부정(不定) 형용사. 명사 vitigni가 남성 복수이므로 명사와 형용사의 성수일치에 의해 tanti이다. 여성 복수 명사를 수식하면 tante(→ p. 70).
vitigni: 품종들.
autoctoni: 고유의. 앞에 위치한 명사 vitigni를 수식하는 품질형용사(→ p. 70). 명사 vitigni가 남성 복수이므로 명사와 형용사의 성수일치에 의해 autoctoni이다. 여성 복수 명사를 수식하면 autoctone.
eccetera: 등등...
questo: 이것. 앞에 말한 내용을 대신 지시하는 지시대명사(→ p. 38).
il potenziale: 잠재력.

민수 : 마르꼬씨, 적포도주를 좋아하세요 아니면 백포도주를 좋아하세요?

마르꼬씨 : 개인적으로 적포도주를 좋아합니다.

민수 : 이탈리아에는 많은 고유 품종이 있다고 들었어요.
　　　 고유 품종은 몇 가지나 있나요?

마르꼬씨 : 산죠베제, 말바지아, 네로다볼라 등... 약 500가지가 있어요.
　　　　　이것이 이탈리아 포도주의 잠재력이죠.

● Espressione

Preferisce il vino rosso o quello bianco?
적포도주를 좋아하세요 아니면 백포도주를 좋아하세요?

일반적으로 '두 가지 중에서 더 좋아하는 것이 무엇인지' 질문하는 경우에 사용하는 표현이다. 서로 잘 아는 사이에는 preferisce대신 preferire 동사의 2인칭 단수 형태인 preferisci를 사용한다.

A: Paolo, preferisci la gatta nera o quella bianca?
　 빠올로, 너는 검은 고양이를 좋아하니 아니면 흰 고양이를 좋아하니?
B: Preferisco la gatta nera. 나는 검은 고양이를 좋아해.

Ho sentito che ci sono tanti vitigni autoctoni in Italia.
이탈리아에는 많은 고유 품종이 있다고 들었어요.

'Ho sentito che~'는 '나는 ~을/를 들었다'라는 표현이다. 'ci sono~'는 '~들이 있다'라는 표현으로 영어의 'there are~'에 해당하며 복수 명사와 사용된다. '품종들'이라는 의미의 명사 'vitigni'가 남성 복수이므로 앞뒤에 위치한 형용사도 명사와 성수가 일치되어 tanti와 autoctoni이다. 여성 복수 명사를 수식한다면 tante와 autoctone이다.

Questo è il potenziale del vino italiano. 이것이 이탈리아 포도주의 잠재력이죠.

Questo는 지시대명사로 뒤에 위치한 il potenziale를 대신한다. 명사인 il potenziale가 남성 단수이므로 명사와 대명사의 성수일치에 의해 questo이다. 여성 단수 명사를 대신한다면 questa이다. 국적을 나타내는 형용사는 항상 명사 뒤에 위치한다. 그러므로 '이탈리아 포도주'를 의미하는 'vino italiano'에서 형용사 italiano(이탈리아의)가 명사 뒤에 위치하였다. 또한 명사와 형용사는 성수가 일치되어야 하므로 명사 vino가 남성 단수이므로 형용사도 italiano이다. 여성 단수를 수식한다면 italiana이다.

Grammatica

관계대명사 Cui.

관계대명사 cui는 전치사를 반드시 동반하며('~에게'를 의미하는 전치사 a의 경우는 생략 가능), 간접목적보어(전치사가 동반되는 목적보어)를 대신하기 위해 사용된다. 형태는 성수에 관계없이 언제나 cui이다.

① Questa è Maria. 이 아이가 마리아이다.
② Telefono spesso **a lei**. 나는 그녀에게 종종 전화를 한다.
①+② : Questa è Maria **a cui** telefono spesso.
   이 아이가 마리아인데 나는 **그녀에게** 종종 전화를 한다.

① Questa è Maria. 이 아이가 마리아이다.
② Passo il tempo libero **con lei**. 나는 그녀와 함께 여가 시간을 보낸다.
①+② : Questa è Maria **con cui** passo il tempo libero.
   이 아이가 마리아인데 나는 **그녀와 함께** 여가 시간을 보낸다.

① Questa è Maria. 이 아이가 마리아이다.
② Ho imparato molte cose **da lei**. 나는 그녀로 부터 많은 것을 배웠다.
①+② : Questa è Maria **da cui** ho imparato molte cose.
   이 아이가 마리아인데 나는 **그녀로부터** 많은 것을 배웠다.

앞서 사용한 전치사 외에도 문맥에 따라 in, su, per 등의 전치사를 사용할 수 있다.

관계대명사 Chi.

관계대명사 chi는 '~하는 사람은' 또는 '~ 하는 자는'이라고 해석하며, 전치사를 동반할 수도 있고, 단독으로 사용될 수도 있다. 관계대명사 chi는 동사의 3인칭 단수 형태와 사용되며, 속담, 격언 등에 많이 나타나 있다.

Chi trova un amico, trova un tesoro. 친구를 발견한 사람은 보물을 발견한 것이다.
La borsa di studio andrà **a chi** passa l'esame. 장학금은 시험을 통과하는 사람에게 주어질 것이다.

　＊Chi는 문장에 따라 그 역할이 다양하기 때문에 해석에 있어서 주의를 기울여야 한다.
Chi cerca trova. 구하는 사람은 발견한다.(chi: 관계대명사)
Chi è quella signorina? 저 아가씨는 누구지?(chi: 의문대명사)
Chi parla bene l'italiano, chi non lo parla bene. 어떤 사람은 이탈리아어를 잘하고, 어떤 사람은 잘 하지 못한다.(chi: 부정대명사)

Cultura

요즘은 삼겹살을 파는 식당에서도 와인을 마시는 것을 흔히 목격할 수 있다. 프랑스 와인을 선두로, 미국 와인과 칠레 와인이 우리나라에 많이 소비되었는데, 최근 몇 년 동안에는 이탈리아 와인의 소비가 매우 증가했다고 한다. 대화문에서 잠깐 언급했지만, 다른 와인 생산국들에 비해 이탈리아 와인의 강점은 이탈리아에서만 발견할 수 있는 500여종의 다양한 고유 품종이 존재한다는 것이다. 아마도 몇 년 안에 이미 잘 알려진 품종으로 양조한 대부분의 와인을 맛본 와인 애호가들은 새로운 품종으로 만든 색다른 와인을 찾아 나설 것이다. 그 해답은 이탈리아 와인에 있다고 할 수 있다.

이탈리아 포도주

Ho mal di testa e ho un po' di febbre.
오 말 디 떼스따 에 오 운 뽀 디 페브레.
머리가 아프고 열도 조금 있어요.

너무 무리를 해서 여행을 했는지 머리도 아프고 열도 나고… 병원을 찾은 민수.

 Dialogo

Minsu : Buon giorno, dottore!
부온 조르노, 도또레!

Dottore : Buon giorno! Si accomodi! Che sintomi ha?
부온 조르노! 시 아꼬모디! 께 신또미 아?

Minsu : Ho mal di testa e ho un po' di febbre.
오 말 디 떼스따 에 오 운 뽀 디 페브레.

Dottore : Da quando ha questi disturbi?
다 꽌도 아 꿰스띠 디스뚜르비?

Minsu : Da due giorni.
다 두에 조르니.

Dottore : Em… Vediamo!… Lei ha l'influenza.
음… 베디아모!… 레이 아 린플루엔자.

Faccia queste analisi!
파촤 꿰스떼 아날리지!

Minsu : Grazie mille!
그라찌에 밀레!

Vocabolario

dottore: 의사.
disturbi: 불편함.
ha: (당신은) ~을/를 가지다(*inf.* avere → p. 182).
ho mal di testa: 나는 머리가 아프다. ho: (나는) ~을/를 가지다((*inf.* avere → p. 182).
mal: 아픈, 나쁜. aver mal di~: ~가 아프다.
testa: 머리.
un po' di: 약간의.
febbre: 열.
da quando: 언제 부터.
questi sintomi: 이 증상들.

due giorni: 이틀.
Vediamo! 봅시다!(*inf.* vedere). 청유형 명령 형태(→ p. 140).
l'influenza: 감기(= il raffreddore).
faccia~!: (당신은) ~하세요(*inf.* fare → p. 88). 격식 명령 형태.
queste analisi: 이 처방. queste: 이. 뒤에 위치한 명사 analisi를 수식하는 지시형용사. 명사 analisi 가 여성 복수로 사용되었으므로 명사와 형용사의 성수일치에 의해 queste이다. 남성 단수 명사를 지시하면 questi(→ p. 38).

민수 : 안녕하세요, 의사 선생님!
의사 : 안녕하세요. 앉으십시오. 어디가 안 좋으세요?
민수 : 머리가 아프고 열도 조금 있어요.
의사 : 언제부터 이런 증상이 있지요?
민수 : 이틀째입니다.
의사 : 봅시다!... 감기에 걸리셨습니다.
   이 처방을 하십시오.
민수 : 대단히 감사합니다.

Espressione

Ho mal di testa e ho un po' di febbre. 머리가 아프고 열도 조금 있어요.

신체의 어느 한 부위의 상태가 좋지 않을 때는 'avere mal di+신체 부위 단수 혹은 복수' 형태를 사용한다.

Ho mal di pancia(stomaco). 나는 배(위)가 아파요.
Ho mal di denti. 나는 이가 아파요.
Ho mal di schiena. 나는 등이 아파요.
Ho mal di gola. 나는 목구멍이 아파요.

상기한 표현 대신에 fare 동사를 사용해서 'mi fa male+신체 부위 단수' 또는
'mi fanno male+신체 부위 복수' 형태를 사용할 수 도 있다.

Mi fa male la bocca. 나는 입이 아파요.
Mi fa male il naso. 나는 코가 아파요.
Mi fanno male le gambe. 나는 다리가 아파요.
Mi fanno male gli occhi. 나는 눈이 아파요.

Lei ha l'influenza. 당신은 감기에 걸렸습니다.

'감기에 걸리다', '열이 있다' 라는 표현은 avere 동사를 사용한다.

Ho il raffreddore. 나는 감기에 걸렸다.
Ho la frebbre alta. 나는 고열이 있다.

◎•Grammatica

✎ Lei(당신) 및 Loro(당신들)에 대한 격식적 명령 형태

Lei(당신) 및 Loro(당신들)에 대한 '**격식적 명령**'은 긍정적 명령 및 부정적 명령 형태 모두 '**접속법 현재**(→ p. 236, p. 88)' 동사 형태를 사용한다. '부정 명령 형태'는 '접속법 현재' 동사 앞에 "Non"을 참가한다. 현대 이탈리아어에서는 'Loro(당신들)' 대신에 Voi(당신들)에 해당하는 형태를 주로 사용한다.

예문 :
① Signor Kim, **aspetti** un attimo!
   김 선생님, 잠깐만 기다리십시오!
② Signorina, **scriva** una lettera al Suo amico!
   아가씨, 친구에게 편지를 쓰십시오!
③ Signora Anna, **non dorma** più.
   안나 부인, 더 이상 주무시지 마십시오!
④ Signor Mario, **finisca** il discorso!
   마리오씨, 연설을 끝내십시오!

동사 andare(가다), venire(오다), fare(~을/를 하다), dire(말하다), dare(~을/를 주다)의 접속법 현재 3인칭 형태(→ p. 88)는 격식적 명령 형태로 일상생활에서 자주 사용된다.

예문:
① **Vada** pure!
   가셔도 좋습니다!
② **Venga** qui!
   이리 오십시오!
③ **Faccia** pure!
   그렇게 하십시오!
④ **Dica** pure!
   말씀하십시오!
⑤ Mi **dia** una penna!
   제게 펜을 주십시오!

Cultura
진료는 의사에게 약은 약사에게

우리나라에서 한 때 병원에서 약을 조제해 판매하는 것으로 인해 사회적으로 커다란 논란거리가 된 적이 있었다. 이탈리아의 경우, '진료는 의사에게 약은 약사에게' 라는 표어(?)가 필요 없을 정도로 의사는 철저하게 진료만 담당하고, 약사는 의사의 처방전을 근거로 약을 조제하거나 판매한다. 간단한 감기약이나 소화제 정도는 약국에서 의사의 처방전 없이 구입할 수 있다. 여행 중에 몸이 너무 아프면 보험증이 없다고 걱정하지 말로 응급실(Pronto soccorso)로 달려가기 바란다. 대부분 오래 기다려야 하지만 무료로 치료를 받을 수 있다.

Vorrei qualcosa per il raffreddore. 감기약을 원합니다.
보레이 꽐꼬자 뻬르 일 라프레도레.

의사의 처방전을 가지고 약국을 찾은 민수.

🎧 Dialogo

Minsu : Buon giorno! Vorrei qualcosa per il raffreddore.
부온 조르노! 보레이 꽐꼬자 뻬르 일 라프레도레.

Farmacista : Ha la prescrizione del Suo medico?
아 라 쁘레스끄리찌오네 델 수오 메디꼬?

Minsu : Sì, eccola.
시, 에꼴라.

Farmacista : Ha anche il libretto sanitario?
아 앙께 일 리브레또 사니따리오?

Minsu : No, non c'e l'ho.
노, 논 체 로.

Farmacista : Va bene lo stesso. Allora questo sciroppo è per Lei.
바 베네 로 스뗏소. 알로라 꿰스또 쉬로뽀 에 뻬르 레이.

Deve prenderlo tre volte al giorno dopo i pasti.
데베 쁘렌데를로 뜨레 볼떼 알 조르노 도뽀 이 빠스띠.

🟢 Vocabolario

qualcosa 무엇.
per l'influenza 감기를 위한. per: ~위한. l'influenza: 감기.
farmacista 약사.
la prescrizione 처방전.
del Suo medico 담당 의사의. Suo: 당신의.
ecco 여기에 ~이 있다. la: 그것을. 앞에 위치한 여성 단수 명사 coppetta를 대신하는 직접목적대명사 약형 3인칭 단수 형태(→ p. 176).
il libretto sanitario 의료보험증. libretto: 소책자. 증서.
sanitario 의료의.
non ce l'ho 나는 그것을 가지고 있지 않다.

l'ho (나는) 그것을 가지고 있다. lo+ho의 결합 형태. lo: 그것을.직접목적대명사 약형 3인칭 단수 형태(→ p. 176).
lo stesso 그 자체.
sciroppo 시럽.
deve (당신은) ~을/를 해야만 한다(inf. dovere → p. 52).
prenderlo 그것을 먹다, 마시다. prendere+lo의 결합 형태. prendere: ~을/를 먹다, 마시다. lo: 그것을. 앞에 위치한 sciroppo를 대신하는 직접목적대명사 약형(→ p. 176).
al giorno 하루에.
dopo i pasti 식사 후에.

민수 : 안녕하세요. 감기약을 원합니다.
약사 : 담당 의사의 처방전 있으세요?
민수 : 예, 여기 있습니다.
약사 : 의료보험증도 있나요?
민수 : 아니오, 없습니다.
약사 : 괜찮습니다. 이 시럽이 당신 것입니다.
　　　하루에 세 번 식후에 드세요.

⊙·Espressione

✎ Vorrei qualcosa per il raffreddore. 감기약을 원합니다.

이 문장은 vorrei 다음에 '구입하다' 라는 의미의 prendere 혹은 comprare를 첨부할 수 있으며, 전치사 per 다음에 병명(病名)을 넣으면 된다. 또한 qualcosa 대신 una medicina(약)를 사용할 수 있다.

A: Vorrei qualcosa per la tosse. 기침약을 원합니다.
B: Allora Le consiglio queste compresse. 그렇다면 당신께 이 알약을 권합니다.

✎ No, non ce l'ho. 아니오, 없습니다.

이 문장의 원래 의미는 '아니오, 나는 그것을 가지고 있지 않습니다' 이다. l'ho는 lo ho의 축약형(모음 생략)이다. 이곳에서 lo는 앞에 위치한 il libretto를 대신하는 직접목적대명사 약형으로, 명사 il libretto가 남성 단수이므로 lo로 대신한다. 앞에 위치한 여성 단수를 대신할 경우는 la이다.

A: Anna, hai una penna? 안나, 펜있니?
B: Si, ce l'ho. 응, 있어. (l'ho = la ho. 모음 축약)

✎ Deve prenderlo tre volte al giorno dopo i pasti. 하루에 세 번, 식후에 드세요.

이 문장은 '하루에 세 번, 식사 후에 그것을 드셔야만 합니다' 라는 의미이다. 직접대명사인 lo를 조동사 deve 앞에 위치시켜 'Lo deve prendere tre volte al giorno dopo i pasti' 로도 말할 수 있다. 앞에 위치한 명사 sciroppo가 남성 단수이므로 lo로 대신한다. 여성 단수 명사를 대신한다면 la이다.

A: Come dovrei somministrare questa compressa?
　 이 알약을 어떻게 복용해야 하죠?
B: Deve prenderla una volta al giorno per tre giorni.
　 3일 동안 하루에 한 번씩 그것을 드십시요.

◉ Grammatica

✏ 직접목적대명사를 동반하는 명령법

1) 상대방에 대한 비격식적(tu) 명령 형태가 '직접목적대명사'와 사용될 경우.
'긍정 명령'의 경우는 1가지, '부정 명령'의 경우는 2가지 형태를 가질 수 있다.

① 긍정 명령: 동사+직접목적대명사
È una penna molto bella: **comprala**!
매우 멋있는 펜이다. 그것을 구입해라!

② 부정 명령 : 'non+동사원형+직접목적대명사'
또는 'non+직접목적대명사+동사원형'
È una penna molto brutta: **non comprarla**!
매우 멋없는 펜이다. 또는 **non la comprare!**
그것을 구입하지 마라!

2) '우리 ~합시다'라는 청유형 명령의 형태가 '직접목적대명사'와 사용될 경우에는 상기한 비격식적 (tu) 명령의 형태와 동일하다.

① 긍정 명령 : 동사+직접목적대명사
È una pizza molto buona: **prendiamola**!
매우 맛있는 피자다.   이 피자를 먹자!

② 부정 명령: 'non+동사+직접목적 대명사'
또는 'non+직접목적대명사+동사'
È una pizza molto disgustosa: **non prendiamola**!
매우 맛없는 피자다.   또는 **non la prendiamo**!
이 피자를 먹지 말자!

3) 상대방에 대한 격식적(Lei) 명령 형태가 '직접목적대명사'와 사용될 경우에는 다음과 같은 형태를 갖는다. '긍정 명령'과 '부정 명령'의 경우 모두 1가지 형태만을 취한다.

① 긍정 명령일 경우: 직접목적대명사+동사
È un caffè molto buono: **lo prenda**!
매우 맛있는 커피입니다. 이 커피를 드세요!

② 부정 명령일 경우: 'non+직접목적대명사+동사'
È un caffè disgustoso: **non lo prenda**!
매우 맛없는 커피입니다. 이 커피를 드시지 마세요!

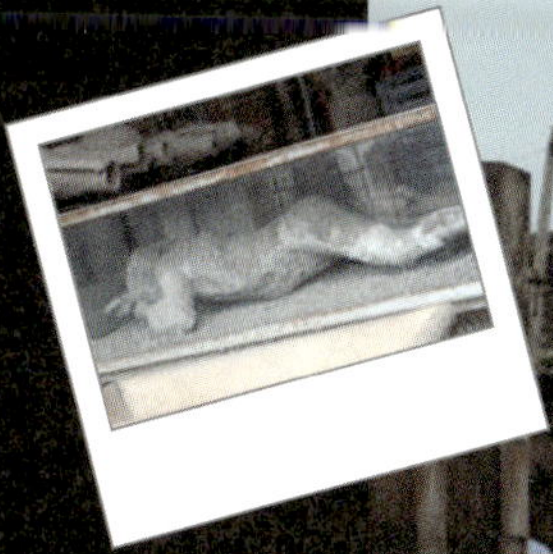

Cultura

폼페이(Pompei)

유네스코에 의해 지정된 세계 문화유산이 가장 많은 국가 중의 하나가 바로 이탈리아이다. 1997년에 세계 문화유산으로 지정된 폼페이는 1600여년을 화산재 속에 묻혀 있던 도시이다. 기원후 79년에 베수비오 화산 폭발로 인해 사라져 버렸던 폼페이는 1748년에서야 발굴 작업이 시작되었기 때문이다. 지금으로부터 거의 2000년 전의 도시지만 그 당시의 도시가 현재 이탈리아 도시들의 모습과 거의 흡사한 구조를 갖추고 있었다는 것이 그저 놀라울 뿐이다.

Episodio 14

44 여행 어땠어?   **45** 어떤 영화 보러 가는데?   **46** 이번 토요일에 시간 있니?
47 집을 구경시켜 줄께.   **48** 저녁 준비됐다!

다시 로마로...

Com'è andato il viaggio? 여행 어땠어?
꼬메   안다또   일 비아죠?

로마로 돌아온 민수는 마리아를 만나 여행한 것에 대해 이야기를 나눈다.

🎧 Dialogo

Maria: Ciao, Minsu! Sono molto contenta di rivederti.
차오, 민수! 소노 몰또 꼰뗀따 디 리베데르띠.
Com'è andato il viaggio?
꼬메 안다또 일 비아죠?

Minsu: È andato molto bene, grazie!
에 안다또 몰또 베네, 그라찌에!
Sono stato a Pompei, Assisi, Firenze, Chianti e Siena.
소노 스따또 아 뽐뻬이, 아시시, 피렌쩨, 끼안띠 에 시에나.

Maria: Sei stato in posti bellissimi.
세이 스따또 인 뽀스띠 벨리시미.

Minsu: Sì, c'erano anche tantissime cose da vedere.
시, 체라노 앙께 딴띠시메 꼬제 다 베데레.

Maria: Quale città ti è piaciuta di più?
꽐레 치따 띠 에 삐아츄따 디 쀼?

Minsu: Per me, Assisi è più bella delle altre città.
뻬르메, 아시시 에 쀼 벨라 델레 알뜨레 치따.

Maria: Hai fatto tante foto?
아이 파또 딴떼 포또?

Minsu: Certo! Quando sarò ritornato in Corea, le mostrerò ai miei amici.
체르또! 꽌도 사로 리또르나또 인 꼬레아, 레 모스뜨레로 아이 미에이 아미치.

⊙ Vocabolario

contenta 기쁜.
rivederti 너를 다시 보다. rivedere+ti의 결합 형태.
　rivedere: ~을/를 다시 보다, 다시 만나다. ti: 너를. 직접목적대명사 약형 2인칭 단수 형태(→ p. 154).
è andato (여행이) ~되다. 동사 andare의 직설법 근과거 형태(→ p. 98).
sono stato~ (나는) ~에 갔다. 동사 stare의 직설법 근과거 형태.
c'erano~ ~있었다. ci erano의 축약 형태.
da vedere 볼 것. vedere: ~을/를 보다.
è piaciuta 동사 piacere의 직설법 근과거 형태(→ p. 98).

è più bella delle altre città (아시시가) 다른 도시들 보다 더 아름답다. 우등 비교 문장(più ~ di ~). più bella: 더 아름다운.
hai fatto (너는) ~을/를 했다. 동사 fare의 직설법 근과거 형태(→ p. 108).
quando sarò ritornato (내가) 돌아갔을 때. quando: 때. sarò tornato: 직설법 선립미래 형태(→ p. 226).
le 그것(사진)들을. 여성 복수 명사 foto를 대신하는 직접목적대명사 약형(→ p. 176).
mostrerò (나는) ~을/를 보여줄 것이다(inf. mostrare → p. 94). 단순미래 형태(→ p. 94).

마리아 : 안녕, 민수! 너를 다시 보게 되어 매우 기뻐.
여행 어땠어?

민수 : 아주 좋았어, 고마워!
나는 폼페이, 아시시, 피렌체, 끼안띠 그리고 시에나에 갔었어.

마리아 : 매우 아름다운 곳에 갔었구나.

민수 : 그래. 볼 것도 너무나 많았어.

마리아 : 어느 도시가 가장 마음에 들었니?

민수 : 나는 그 도시들 중에서 아시시가 가장 아름다웠어.

마리아 : 사진도 많이 찍었니?

민수 : 물론이지! 나는 한국에 돌아가자마자 친구들에게 그것들을 보여줄 거야.

Espressione

Sono molto contenta di rivederti. 너를 다시 보게 되어 매우 기뻐.

상대방을 다시 만나게 되었을 때 사용하는 전형적인 표현으로 contenta 대신에 felice(행복한)를 사용해도 좋다. 남성 단수의 경우 주어와의 성수일치에 의해 contenta 대신 contento라고 말해야 한다. 그러므로 상기한 표현을 민수가 마리아에게 한다면 'Sono molto contento di rivederti'이다.

Com'è andato il viaggio? 여행 어땠어?

여행을 잘 했는지 묻는 표현이다. 이 문장은 직설법 근과거 형태(è andato)로 andare 동사는 왕래 발착을 나타내는 동사이므로 essere 동사를 보조동사로 선택했으며, 주어인 il viaggio가 남성 단수이므로 주어와 과거분사의 성수일치에 의해 andato이다. 주어가 여성 단수라면 andata이어야 한다.

A: Mario, com'è andata la prova scritta? 마리오, 필기시험 어떻게 됐어?
B: È andata abbastanza bene. 그런대로 잘 봤어.

Quale città ti è piaciuta di più? 어느 도시가 가장 마음에 들었니?

조금 전의 'è andato'와 마찬가지로 'è piaciuta'도 직설법 근과거 형태의 문장이다. Piacere 동사는 자동사로 essere 동사를 보조동사로 취한다. 주어인 città가 여성 단수이므로 주어와 과거분사의 성수일치에 의해 piaciuta이다. 주어가 남성 단수라면 piaciuto라고 해야 한다.

A: Quale concerto ti è piaciuto di più? 너는 어떤 콘서트가 더 마음에 들었니?
B: Mi è piaciuto quello jazz. 나는 재즈 콘서트가 마음에 들었어.

◎ Grammatica

✏️ **형용사의 비교급: 우등 비교**

'우등비교'는 '~보다 더'라는 의미를 나타내며, 형태는 più ~ di 또는 più ~ che의 형태를 갖는다. 이 때 주의할 사항은 어느 경우에 di(또는 di + 정관사 형태의 전치사관사)를 사용하고, 어느 경우에 che를 사용해야 하는 가를 구분해야 하는 점이다. 문장의 해석은 뒤에서 부터 한다.

1) 'di'를 사용하는 경우.
① 비교 대상이 둘이고, **형용사가 한 개일 때.**
   Maria è **più** bella **di** Anna. 마리아는 안나보다 더 예쁘다.
② di + 관사(전치사관사) : 비교 대상이 둘이고, **형용사가 한 개일 때**나, 뒤에 나오는 비교대상에 반드시 '**정관사**'가 요구될 때.
   La terra è **più** grande **della** luna. 지구는 달보다 더 크다.
* 'la luna(달)'는 단 하나 밖에 없으므로 반드시 정관사가 필요.

2) 'che'를 사용하는 경우
① 하나의 주어에 형용사가 두 개 나올 때.
   Carlo è **più** bello **che** intelligente. 까를로는 똑똑하기 보다 더 멋있다.
② 두 개의 명사를 비교할 때.
   Compro **più** penne **che** matite. 나는 연필보다 펜을 더 구입한다.
③ 두 개의 동사를 비교할 때.
   È **più** difficile fare **che** parlare. 말하는 것 보다 행동하는 것이 더 어렵다.

2) 절대적 최상급
'절대적 최상급'은 다른 것들과 비교하지 않고 그 자체가 '절대적으로 최고'라는 의미를 나타낸다. 절대적 최상급의 형태는 **형용사의 마지막 모음을 제거**하고 주어가 남성 단수의 경우는 '**-issimo**'를, 여성 단수의 경우는 '**-issima**'를 붙여서 만든다. 또는 '**molto(tanto 매우)**' 등의 부사를 사용해 표현할 수 도 있다. 'molto(tanto)'는 '부사' 이기 때문에 형태가 변하지 않는다.
① Mario è bello. 마리오는 멋있다.(원급)
   Mario è bell**issimo**. 마리오는 **최고로** 멋있다.(절대적 최상급)
   = Mario è **molto** bello. 마리오는 매우 멋있다.(절대적 최상급)
② Anna è bella. 안나는 예쁘다.(원급)
   Anna è bell**issima**. 안나는 **최고로** 예쁘다.(절대적 최상급)
   = Anna è **molto** bella. 안나는 매우 예쁘다.(절대적 최상급)

Cultura

아시시(Assisi)

아시시는 이탈리아 중부에 위치한 작은 도시이다. 이 도시가 유명한 것은 바로 프란체스코 성인(1182-1226) 때문이다. 그러므로 그를 호칭할 때 이탈리아어로 'S. Francesco d'Assisi(아시시의 성 프란체스코)' 라고 한다. 프란체스코 성인은 하느님을 가르침을 몸소 실천하고 평생을 가난한 사람들을 위해 봉사하였다. 이러한 이유로 인하여 아시시는 일 년 내내 가톨릭 신자들의 발걸음이 끊이지 않는 장소가 되었다. 평화를 느낄 수 있는 곳, 바로 아시시이다.

Che film vai a vedere? 어떤 영화 보러 가는데?
께   필므   바이 아 베데레?

한가한 저녁 시간, 마리아는 영화를 보러 가려고 한다. 마리아는 민수도 영화를 볼 생각이 있는지 알아보기 위해 민수에게 전화를 한다.

Dialogo

Maria : Pronto! Minsu?
쁘론또!   민수?

Minsu : Ciao Maria, sono io.
차오 마리아, 소노 이오.

Maria : Ciao! Questa sera vado al cinema, vieni con me?
차오! 꿰스따 세라 바도 알 치네마, 비에니 꼰 메?

Minsu : Volentieri! Che film vai a vedere?
볼렌띠에리!   께 필므 바이 아 베데레?

Maria : 'La vita è bella', il film di Roberto Benigni. Ti va?
'라 비따 에 벨라',   일 필므 디 로베르또 베니니.   띠 바?

Minsu : Va bene. A che ora ci vediamo?
바 베네.   아 께 오라 치 베디아모?

Maria : Allora, vengo a prenderti alle otto.
알로라,   벵고 아 쁘렌데르띠   알레 오또.

Vocabolario

Pronto! 여보세요(전화상에서).
vado al cinema (나는) 영화 보러 간다. andare al cinema: 영화 보러 가다. vado: (나는) 간다.(*inf.* andare → p. 34).
vieni (너는) 온다.(*inf.* venire → p. 116).
con me 나와 함께.
Volentieri! 기꺼이!
vai a vedere (너는) 보러 간다. vai: (너는) 간다.(*inf.* andare → p. 34).
'La vita è bella' 인생은 아름답다. la vita: 인생. bella: 아름다운, 멋있는. 주어인 vita가 여성 단수로 사용되었으므로 주어와 과거분사의 성수일치에 의해 bella이다(→ p. 70).
il film 영화.
Ti va? 네게는 괜찮아? 마음에 들어? ti: 네게. 간접목적대명사 약형 2인칭 단수 형태(→ p. 80).
ci vediamo (우리는) 서로 만나다, 보다. ci: 상호재귀대명사(→ p. 102).
vediamo (우리는) ~을/를 보다(*inf.* vedere → p. 172).
vengo a (나는) ~하러 오다, 가다. venire a ~: ~하러 오다, 가다. vengo: (나는) 온다(*inf.* venire → p. 116).
prenderti 너를 픽업하다. prendere+ti의 결합 형태. prendere: ~을/를 픽업하다.

마리아 : 여보세요! 민수니?

민수 : 안녕 마리아, 나야.

마리아 : 안녕. 오늘 저녁에 영화 보러 가는데 너도 갈래?

민수 : 기꺼이! 어떤 영화 보러 가는데?

마리아 : 로베르토 베니니의 영화 '인생은 아름다워'. 괜찮지?

민수 : 좋아. 몇 시에 만날까?

마리아 : 그럼, 8시에 너를 데리러 갈게.

●·Espressione

Pronto! 여보세요!

휴대폰은 'il telefonino' 혹은 'il cellullare' 라고 하며, 공중전화는 'il telefono pubblico' 라고 한다. 전화상에서 사용하는 다양한 표현을 알아보자.

A: Potrei parlare con il signor Mario? 마리오씨와 통화할 수 있을까요?
B: Sì, sono io. 예, 접니다.

A: Sono Paolo, c'è Anna? 저는 빠올로입니다. 안나 있어요?
B: Aspetta un attimo. La chiamo subito. 잠깐만 기다려. 그녀를 즉시 부를께.

A: Con chi parlo, per favore? 누구십니까?
B: Sono Kim, dalla Corea. 저는 한국에서 온 김입니다.

A: La linea è occupata. 통화중입니다.
B: Riprovi fra 10 minuti. 10분후에 다시 걸어보세요.

A: La prego di chiamare più tardi. 나중에 전화하십시요.
B: Potrei lasciare un messaggio? 메시지를 남길 수 있을까요?

A: Signora, non La sento bene, può parlare più forte?
　부인, 잘 들리지 않습니다. 더 크게 말씀해 주시겠어요?
B: Mi sente meglio adesso?
　이젠 제 말이 잘 들리나요?

◉ Grammatica

✏️ Andare 동사.

'~곳에 가다' 라고 할 경우에는 장소에 따라 다양한 전치사(혹은 전치사관사)가 사용된다.

(Io) Vado	a	casa. 나는 집에 간다.
		Roma. 나는 로마에 간다. (**a**+도시명)
		pesca. 나는 낚시질 하러간다.
	al	cinema. 나는 영화 보러 간다.
		mare. 나는 바다에 간다.
		lavoro. 나는 일하러 간다.
		lago. 나는 호수에 간다.
	alla	riunione. 나는 회의에 간다.
	da	Paolo. 나는 파올로 집에 간다. (**da**+인명)
	dal	medico. 나는 병원에 간다.
		dentista. 나는 치과에 간다.
	in	Italia. 나는 이탈리아에 간다. (**in**+국가명)
		pizzeria. 나는 피자집에 간다. (**in**+-eria) * 단어에 -eria가 붙으면 '가게' 라는 의미이다. 예: libreria 서점(libro 책), lotteria 복권방(lotto 복권)
		biblioteca. 나는 도서관에 간다. (**in**+-teca) * 단어에 -teca가 붙으면 '저장소' 라는 의미이다. 예: discoteca 음반 도서관, pinacoteca 그림 박물관
		Piazza Garibaldi. 나는 가리발디 광장에 간다.
		via Cavour. 나는 카브르가(街)에 간다.
		chiesa. 나는 교회에 간다.
		Sicilia. 나는 시칠리아에 간다. (**in**+큰 섬)
		montagna. 나는 산에 간다.
		vacanza. 나는 휴가를 간다.
	negli	Stati Uniti. 나는 미국에 간다.

* 'Andare+a+동사원형' 은 '~하러 가다' 라는 의미를 지닌다.

A: Dove vai? 너는 어디 가니?
B: Vado a ballare. 나는 춤추러 간다.

A: Dove andate? 너희들은 어디가니?
B: Andiamo a lavorare. 우리는 일하러 간다.

Cultura

이탈리아 영화

1940년대 중반부터 1950년대 말경까지 이탈리아 신사실주의(Neorealismo) 영화는 세계 영화사에 중요한 영향을 끼쳤다. 이 당시의 대표적인 영화로는 De Sica 감독의 〈자전거 도둑들(Ladri di biciclette)〉, Visconti 감독의 〈흔들리는 대지(La terra trema)〉, Rossellini 감독의 〈무방비 도시 로마(Roma città aperta)〉이 있다. 이 후로 한 동안 침체기에 빠졌던 이탈리아 영화는 1980년대부터 Tornatore 감독의 〈시네마 천국(Nuovo cinema Paradiso)〉, Salvatore 감독의 〈지중해(Mediterraneo)〉, Begnini 감독의 〈인생은 아름다워(La vita è bella)〉 등을 통해 명성을 되찾고 있다.

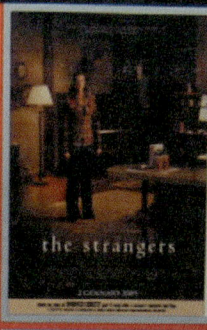
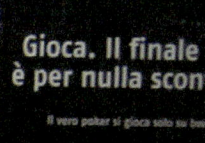

Hai tempo questo sabato? 이번 토요일에 시간 있니?
아이 뗌뽀   꿰스또   사바또?

마리아가 여행에서 돌아 온 민수를 집으로 초대한다.

🎧 Dialogo

Maria : Minsu, hai tempo questo sabato?
민수,   아이 뗌뽀   꿰스또 사바또?

Minsu : Sì, perché?
시, 뻬르께?

Maria : Io e i miei genitori vogliamo invitarti a cena a casa nostra.
이오 에 이 미에이 제니또리 볼리아모 인비따르띠 아 체나 아 까자 노스뜨라.

Minsu : Davvero! Ma non vorrei disturbare.
다 베로!   마 논 보레이 디스뚜르바레.

Maria : Assolutamente no!
아솔루따멘떼   노!

Minsu : Ti ringrazio molto per l'invito, ma mi sento un po' imbarazzato...
띠 링그라찌오 몰또 뻬르 린비또, 마 미 센또 운 뽀 임바라자또...

Maria : Come mai?
꼬메   마이?

Minsu : Non so bene come comportarmi, perché è la prima volta che sono
논 소 베네 꼬메 꼼뽀르따르미,   뻬르께 에 라 쁘리마 볼따 께 소노
invitato a casa di una famiglia italiana.
인비따또 아 까자 디 우나 파밀리아   이딸리아나.

 Vocabolario

i miei genitori 내 부모님들.
vogliamo (우리는) ~을/를 원한다(*inf.* volere → p. 42).
invitarti 너를 초대하다.
disturbare ~을/를 방해하다, 귀찮게 하다.
assolutamente 절대로.
Ti ringrazio molto 네게 너무 고맙다. ti: 너를(→ p. 154).
ringrazio (나는) 고마워한다(*inf.* ringraziare).
per l'invito 초대에 대해. per: ~대해.
mi sento 나는 스스로 느낀다. 재귀동사 sentirsi의 직설법 현재 1인칭 단수 형태.

sento (나는) ~을/를 느끼다(*inf.* sentire → p. 112).
un po' 약간.
imbarazzato 당황한.
come mai 왜.
non so bene 나는 잘 알지 못한다. non: 아니다.
so (나는) ~을/를 안다(*inf.* sapere → p. 144).
comportarmi 내가 스스로 행동하다.
　　comportare+mi의 결합 형태. comportare: 행동
　　을 하다. mi: 나 스스로. 재귀대명사(→ p. 102)
la prima volta 처음.
invitato 초대된. 동사 invitare의 과거분사.

마리아 : 민수, 이번 토요일에 시간 있니?

민수 : 응, 왜?

마리아 : 우리 집에 너를 저녁 식사에 초대하려고.

민수 : 정말! 하지만 폐가 되지 않을까...

마리아 : 전혀 폐가 안 돼!

민수 : 초대해줘서 너무 고마워. 하지만 약간 당황스러운데...

마리아 : 왜?

민수 : 어떻게 행동을 해야 하는지 모르겠어.
　　　왜냐하면 이탈리아 가정에 초대 받은 것이 처음이거든.

◯• Espressione

Hai tempo questo sabato? 이번 토요일에 시간 있니?

상대방에게 시간이 있는지 묻는 표현이다. 시간이라는 명사인 tempo 다음에 libero(빈, 자유로운)라는 형용사를 첨부해도 좋다. 상대방에게 격식적으로 질문할 경우에는 'Hai' 대신에 'Ha'를 사용하면 된다.

A: Signorina Anna, ha tempo libero domani sera? 안나양, 내일 저녁에 시간 있어요?
B: No, non ho tempo. Ho già un impegno. 아니오, 시간 없어요. 선약이 있습니다.

Non vorrei disturbare. 폐가 되지 않을까.

위 문장은 직역하면 "나는 폐를 끼치고 싶지 않아" 혹은 "나는 실례를 하고 싶지 않아"라는 의미이다. 다음과 같은 방식으로 다양한 표현을 할 수 있다.

A: Scusami per il disturbo. 실례를 끼치게 되어 미안하다.
B: Prego! 천만에.
* 상기한 질문의 격식적 표현은 "Mi scusi per il disturbo"이다.

A: Mi scusi d'averLa disturbato molto. 실례를 너무 끼쳐 미안합니다.
B: Si figuri! 별 말씀을요!
* 상기한 질문의 비격식적 표현은 "Scusami d'averti disturbato molto"이다.

Forse ti disturbo? 혹시 방해를 하는 건지?
Potrei disturbarti un attimo? 잠깐 실례를 해도 될까?
* 격식적 표현은 "Forse La disturbo?", "Potrei disturbarLa un attimo?"이다.

◎•Grammatica

🖊 수동태

우선 '수동태'를 만들기 위해서는 문장에 사용된 '동사가 반드시 타동사'이어야 한다. 자동사는 능동태로만 사용되기 때문에 수동태를 만들 수 없다. 능동태 문장의 주어는 수동태 문장에서 행위 보어가 되며, 능동태 문장의 직접목적보어는 수동태 문장의 주어가 된다.

수동태의 대표적 형태는 'essere+타동사의 과거분사+da'이며, essere 동사 대신에 venire 또는 andare 동사가 사용되기도 한다.

1) 능동태 → 수동태.
    직설법 현재 시제 → essere 직설법 현재형+타동사 과거분사+da

능동태 : Maria **invita** Minsu. 마리아는 민수를 초대한다.
→ 수동태 : Minsu **è invitato** da Maria. 민수는 마리아에 의해 초대되어진다.

2) 능동태 → 수동태.
직설법 근과거 시제 → essere 직설법 현재형+stare의 과거분사+타동사 과거분사+da

능동태 : Maria **ha invitato** Minsu. 마리아는 민수를 초대했다.
→ 수동태 : Minsu **è stato invitato** da Maria. 민수는 마리아에 의해 초대되었다.

3) 능동태 → 수동태.
직설법 단순미래 시제 → essere의 직설법 단수 미래형+타동사 과거분사+da

능동태 : Maria **inviterà** Minsu. 마리아는 민수를 초대할 것이다.
→ 수동태 : Minsu **sarà invitato** da Maria. 민수는 마리아에 의해 초대될 것이다.

* 수동의 Si.

수동의 si는 아래 예문 ①의 경우처럼 'si+3인칭 단수 동사+단수 명사' 또는 ②의 경우처럼 'si+3인칭 복수 동사+복수 명사' 형태를 취한다. 복합시제의 경우 보조동사는 예문 ③과 ④의 경우처럼 avere동사를 보조 동사로 사용하지 않고, 항상 essere 동사를 보조 동사로 사용한다. 그러므로 과거분사의 형태는 주어의 성수에 항상 일치해야 한다.

① Dalla finestra **si vede un albero.** 창문에서 나무 한 그루가 보인다.
② Dalla finestra **si vedono due alberi.** 창문에서 나무 두 그루가 보인다.
③ Dalla finestra **si è visto un albero.** 창문에서 나무 한 그루가 보였다.
④ Dalla finestra **si sono visti due alberi.** 창문에서 나무 두 그루가 보였다.

베네치아 영화제

Cultura

'베네치아 영화제'로 알려진 '베네치아 국제 예술 영화제(Mostra Internazionale d'Arte Cinematografica di Venezia)'는 물의 도시 베네치아에 있는 리도(Lido)섬에서 매년 8월말~9월초에 개최되는 국제적인 영화제이다. 1932년부터 시작된 이 영화제는 프랑스의 깐느 영화제와 쌍벽을 이루는 영화제이다. 이 영화제에서 우리나라는 1987년에 임권택(林權澤) 감독의 〈씨받이〉에 출연한 강수연이 최우수 여우주연상을, 2002년에 이창동 감독의 〈오아시스〉가 감독상을, 문소리가 신인 배우상을 받았다.

Ti faccio vedere la nostra casa. 집을 구경시켜 줄께.
띠 파쵸 베데레 라 노스뜨라 까자.

저녁 식사에 초대 받은 민수, 마리아를 따라 집 구경을 한다.

🎧 Dialogo

Maria : Minsu, ti faccio vedere la nostra casa.
민수, 띠 파쵸 베데레 라 노스뜨라 까자.

Minsu : Avete una bellissima casa!
아베떼 우나 벨리시마 까자!

Maria : Qui, al piano terra, c'è la cucina e la sala.
뀌, 알 삐아노 떼라, 체 라 꾸치나 에 라 살라.

Guarda dietro la cucina! C'è anche un giardinetto.
과르다 디에뜨로 라 꾸치나! 체 앙께 운 쟈르디네또.

Minsu : Che bel giardinetto!
께 벨 쟈르디네또!

Maria : Al primo piano, ci sono le camere da letto e i bagni…
알 쁘리모 삐아노, 치 소노 레 까메레 다 레또 에 이 바니…

Questa è la mia camera.
꿰스따 에 라 미아 까메라.

Minsu : Che carina!
께 까리나!

○• Vocabolario

ti faccio vedere ~ (나는) 네게 ~을/를 보여준다.
  ti: 네게. 간접목적대명사 약형 2인칭 단수 형태(→ p. 80).
faccio (나는) ~을/를 한다(*inf.* fare → p. 116). 이곳에서는 사역의 의미로 사용되었다.
vedere ~을/를 보다.
una bellissima casa! 매우 아름다운 집.
al piano terra 땅 층에.
la cucina 부엌. / **la sala** 거실.
guarda (너는) ~을/를 보아라!(*inf.* guardare). 동사 guardare의 tu에 대한 명령 형태.
dietro 뒤.
un giardinetto 작은 정원.
che 너무나. 이곳에서는 뒤에 위치한 명사 giardinetto를 수식하는 감탄형용사.
bel 아름다운, 멋있는. 명사 giardinetto를 수식하는 품질형용사. (→ p. 70)
primo piano 일층(우리 방식으로는 2층).
le camere da letto 침실들. **le camere**: 방(= room). **da**: ~목적의. **letto**: 침대.
i bagni 화장실들.
Che carina! 너무 예쁘다! 너무 귀엽다!
  che: 감탄대명사.
carina 귀여운.

마리아 : 민수, 집을 구경시켜 줄께.
민수 : 너희 집은 아주 멋있구나!
마리아 : 이곳 일층에는 부엌과 거실이 있어.
　　　　부엌 뒤쪽을 볼래! 작은 정원도 있어.
민수 : 정말 아름다운 정원이구나!
마리아 : 2층에는 침실과 화장실이 있어...
　　　　여기가 내 방이야.
민수 : 참 예쁘다!

Espressione

Minsu, ti faccio vedere la nostra casa. 민수, 집을 구경시켜 줄께.

이 문장에서 'ti faccio + 동사원형'의 형태는 '나는 네게 ~을 시켜준다'라는 표현으로, 동사 'faccio'는 '~을 시키다'라는 사역의 의미를 지닌다. 이 문장의 격식적인 표현은 간접목적인칭대명사 약형 2인칭 단수 ti대신 3인칭 단수 Le를 사용한다. 'Le faccio + 명사'는 '나는 당신에게 ~을 해준다'라는 의미이다.
Le faccio il conto. 나는 당신께 계산을 해드리겠습니다.

Guarda dietro la cucina! 부엌 뒤쪽을 볼래!

'Guarda'는 동사 guardare의 tu(너)에 대한 명령 형태이다. 동사의 어미가 -are로 끝나는 경우, tu에 대한 명령 형태는 -are에서 re만 제거하면 된다. 서로 잘 아는 사이의 부정 명령 형태는 'Non + 동사원형'(너는 ~하지 마!)이다.

Parla piano! 천천히 말해!
Non mangiare troppo! 너무 많이 먹지마!

Questa è la mia camera. 여기가 내 방이야.

가까이에 있는 사람 또는 사물을 소개할 때 사용하는 전형적인 표현이다. 중요한 점은 명사와 대명사의 성수일치로, 이 문장에서 명사 camera가 여성 단수이므로, 지시대명사도 questa이다. 명사가 남성 단수라면 questo이어야 한다. 말하는 사람으로 부터 먼 곳에 있는 사람 또는 사물을 지시할 때는 quello(a, i, e)를 사용한다.

Quello è il mio libro. 저것은 내 책이다.

Grammatica

직설법 선립 미래

'직설법 선립 미래'는 미래에 발생할 두 가지(혹은 그 이상) 사건 또는 행위 중에 제일 먼저 발생할 사건(행위)을 표현할 때 사용된다.

'직설법 선립 미래' 형태는 다음과 같다.

〈직설법 선립 미래 형태〉

```
Essere
   또는      직설법 단순 미래 + 과거분사(p.p.)
Avere
```

이 때 보조 동사로 essere 동사를 취하느냐 아니면 avere 동사를 취하느냐 하는 것은 직설법 근과거와 동일하다. 즉, 일반적으로 타동사일 경우에는 avere 동사를 보조동사로 취하며, 왕래발착을 나타내는 자동사일 경우는 essere 동사를 보조동사로 취한다. Avere 동사를 보조 동사로 취할 경우 과거분사의 형태는 변하지 않지만, essere 동사를 보조 동사로 취하는 경우는 과거분사 형태는 주어의 성수와 일치해야 한다. → p. 98)

다음 문장을 살펴보자.

Domani appena Minsu sarà arrivato a Roma, visiterà il Colosseo.
내일 민수는 로마에 도착하자마자 콜로세움을 방문할 것이다.

이 문장을 살펴보면 민수가 '로마에 도착하는 사건'과 '콜로세움을 방문하는 사건' 모두 미래에 발생할 사건이다. 하지만 이 두 가지 사건 중에서 먼저 일어날 사건은 '로마에 도착'하는 것이다. 즉, 실제로 미래에 일어날 행동 중에서, 제일 먼저 일어날 행동에는 '선립 미래'를, 그리고 나중에 일어날 모든 행동에는 '단순 미래'를 사용한다.

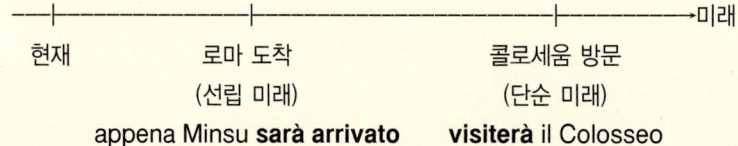

Quando Maria **sarà ritornata** a casa, **guarderà** la partita di calcio alla TV.
마리아는 집에 돌아오자마자 TV에서 축구 경기를 볼것이다.

Quando i ragazzi **saranno ritornati** a casa, **faranno** i compiti.
아이들은 집에 돌아오자마자 숙제를 할 것이다.

Cultura

방문 시 예절

우리도 마찬가지지만 이탈리아에서 가정집에 식사 초대를 받아서 방문할 때는 간단한 선물을 준비해 가는 것이 좋다. 선물이라고 하지만 사실 거창한 것이 아니라 식사하면서 마실 포도주나 식후에 나눠먹을 케익이나 돌체 종류를 의미한다. 사업 관계로 방문하게 된다면 한국의 전통을 나타내는 노리개, 부채, 보석함 등, 벽에 걸거나 장식할 수 있는 선물이 좋다. 어떠한 경우이든 안주인에게 장미꽃 한 다발을 선물한다면 최고의 손님으로 대접받을 것이다.

입에서 톡 독학 이탈리아어 첫걸음

La cena è pronta! 저녁 준비됐다.
라 체나 에 쁘론따!

 마리아 가족과 저녁 식사를 하며 졸업 후의 계획에 대해 말하는 민수.

 Dialogo

Signora Rossi : La cena è pronta! Venite!
　　　　　　　라 체나 에 쁘론따! 베니떼!

Maria : Sì, mamma. Arrivo subito.
　　　　시, 맘마. 아리보 수비또.

Signor Rossi : Minsu, vuoi un po' di vino?
　　　　　　　민수, 부오이 운 뽀 디 비노?

Minsu : Sì, grazie.
　　　　시, 그라찌에.

Signor Rossi : Minsu, che cosa farai dopo la laurea?
　　　　　　　민수, 께 꼬자 파라이 도뽀 라 라우레아?

Minsu : Dopo la laurea, vorrei lavorare in una ditta commerciale che
　　　　도뽀 라 라우레아, 보레이 라보라레 인 우나 디따 꼼메르치알레 께
　　　　collabora con le ditte italiane.
　　　　꼴라보라 꼰 레 디떼 이딸리아네.

Maria : Bellissima idea!
　　　　벨리시마 이데아!

Vocabolario

la cena 저녁 식사.
pronta 준비된.
Venite! (너희들은, 당신들은) 와라!(*inf.* venire → p. 116). Voi에 대한 명령 형태.
mamma 엄마. madre(어머니)의 애칭.
vuoi (너는) ~을/를 원한다(*inf.* volere → p. 42).
un po' di vino 약간의 포도주. un po' di: 약간의.
che cosa 무엇.
farai (너는) ~을/를 할 것이다(*inf.* fare → p. 94).
dopo la laurea 대학 졸업 후에. dopo: ~후에.
la laurea 대학 졸업.
vorrei (나는) ~을/를 원한다(*inf.* volere → p. 42).

lavorare 일을 하다.
in una ditta commerciale 무역 회사에서.
una ditta 회사.
commerciale 무역의, 상업의.
collabora 협력하다(*inf.* collaborare → p. 230).
con ~함께.
le ditte italiane 이탈리아 회사들.
bellissima idea 정말 좋은 생각. bellissima: 매우 아름다운, 정말 좋은. 형용사 bella의 절대적 최상급 형태(→ p. 214)
idea 생각, 아이디어.

로시 부인 : 저녁 준비됐다. 어서 오거라!
마리아 : 예, 엄마. 즉시 갈게요.
로시씨 : 민수, 포도주 좀 마실래?
민수 : 예, 감사합니다.
로시씨 : 민수, 졸업 후에 무엇을 할 거니?
민수 : 저는 졸업 후에 이탈리아 회사와 협력하는 무역회사에서 일하고 싶어요.
마리아 : 정말 좋은 생각이다.

Espressione

La cena è pronta! 저녁 식사 준비됐다.

식사가 준비되었을 때 흔히 사용하는 표현으로 '아침 식사'일 경우는 'La cena è pronta!'라고 하며, '점심 식사'일 경우는 'Il pranzo è pronto!'라고 한다. 이탈리아 남부 지역에서는 'colazione'가 '점심 식사'의 의미로도 사용된다. 주의할 점은 문장이 essere 동사에 의해 주어와 형용사가 연결될 경우, 주어의 성수에 형용사의 성수가 일치해야 한다는 점이다. 그러므로 주어가 il pranzo일 경우 pronto가 된다.

친구들과 함께 영화를 보러 가기로 약속했다든가, 놀러 가기로 했을 때 떠날 준비가 되어 있는지 등을 질문할 때도 형용사 pronto를 사용해서 표현할 수 있다.

A: Mario, sei pront**o**? 준비됐니?(남성 단수에게)
B: Sì, sono pront**o**. 응, 나 준비 됐어.(남성 단수)

A: Anna, sei pront**a**? 준비됐니?(여성 단수에게)
B: Sì, sono pront**a**. 응, 준비됐어.(여성 단수)

준비가 되지 않았다면 동사 essere 앞에 non을 첨가해서 남성 단수의 경우는 "No, **non** sono pronto", 여성 단수의 경우는 "No, **non** sono pronta"라고 한다.
남성 복수, 여성 복수의 경우도 마찬가지다.

Il libro è pront**o**. 그 책이 준비되었다.
(복수형) → I libr**i** sono pront**i**.

La penna è pront**a**. 그 펜이 준비되었다.
(복수형) → Le penn**e** sono pront**e**.

● Grammatica

✏️ 직설법 현재 : collaborare, invitare

1) collaborare(협조하다)

(io) collaboro	(noi) collaboriamo
(tu) collabori	(voi) collaborate
(lui/lei/Lei) collabora	(loro) collaborano

Collaboro volentieri con i miei amici. 나는 친구들과 기꺼이 협력한다.
Maria e Minsu collaborano. 마리아와 민수는 협력한다.

2) invitare(~을/를 초대하다)

(io) invito	(noi) invitiamo
(tu) inviti	(voi) invitate
(lui/lei/Lei) invita	(loro) invitano

Ti invito a cena. 나는 너를 저녁 식사에 초대한다.
Invitiamo gli amici alla festa. 우리는 친구들을 잔치에 초대한다.

✏️ 직설법 단순 미래 : dimenticare, mostrare

1) dimenticare(~을/를 잊다)

(io) dimenticherò	(noi) dimenticheremo
(tu) dimenticherai	(voi) dimenticherete
(lui/lei/Lei) dimenticherà	(loro) dimenticheranno

Mario non dimenticherà mai la gentilezza di sua zia.
마리오는 숙모님의 친절함을 결코 잊지 못할 것이다.
Non dimenticheremo la vostra simpatia.
우리는 당신들의 정을 잊지 못할 것입니다.

2) mostrare(~을/를 보여주다)

(io) mostrerò	(noi) mostreremo
(tu) mostrerai	(voi) mostrerete
(lui/lei/Lei) mostrerà	(loro) mostreranno

Mostrerò il biglietto al controllore. 나는 표를 검표원에게 보여줄 것이다.
Mi mostrerai le funzioni di un computer. 너는 내게 컴퓨터의 기능을 설명할 것이다.

Cultura
이탈리아 주거 환경

이탈리아인들의 주거 환경은 대도시 보다 중소도시나 작은 마을이 훨씬 좋다. 이탈리아 친구들을 만나서 서울에 1200만명이 살고 있다고 말하면 그런 곳에서 어떻게 사냐고 반문한다. 이탈리아에서 가장 큰 도시인 로마의 인구가 약 400만, 두 번째 도시 밀라노의 인구가 약 200만임을 감안할 때 서울은 역시 대단한 도시이다. 로마든 밀라노든 도시계획법에 의해 고층 건물은 찾아보기 힘들다. 이탈리아 가정집들의 외벽은 깔끔하지 않은 경우가 대부분이다. 하지만 내부는 겉면과는 달리 멋있게 치장되어 있는 경우가 대부분이다.

Episodio 15

49 여러분의 친절함을 결코 잊지 못할 것입니다. 50 체크아웃하고 싶습니다.
51 짐은 곧바로 서울까지 보내주세요. 52 서울에서 다시 만나자!

안녕 로마

Non dimenticherò mai la vostra gentilezza.
논   디멘띠께로   마이 라 보스뜨라   젠띨레짜.
여러분의 친절함을 결코 잊지 못할 것입니다.

민수, 마리아의 부모님께 작별 인사를 하다.

🎧 Dialogo

Minsu: Già! È ora di ritornare in Corea.
쟈! 에 오라 디 리또르나레 인 꼬레아.

Signor Rossi: Mi dispiace tanto che debba partire.
미 디스삐아체 딴또 께 데바 빠르띠레.

Signora Rossi: Il tempo passa troppo velocemente.
일 뗌뽀 빠사 뜨롭뽀 벨로체멘떼.

Minsu: Vorrei ringraziarvi per la vostra accoglienza calorosa e
보레이 링그라찌아르비 뻬르 라 보스뜨라 아꼴리엔자 깔로로자 에
non dimenticherò mai la vostra gentilezza.
논 디멘띠께로 마이 라 보스뜨라 젠띨레짜.

Signora Rossi: No, di niente! Avremo l'occasione di rivederci.
노, 디 니엔떼! 아브레모 로까지오네 디 리베데르치.

Minsu: Grazie di nuovo e arrivederci!
그라찌에 디 누오보 에 아리베데르치!

Signor Rossi: Buon viaggio!
부온 비아죠!

🔵 Vocabolario

già! 벌써!, 이미! 감탄사.
è ora di~ ~할 시간이다.
mi dispiace tanto 나는 매우 섭섭하다, 나는 매우 유감이다. mi: 나에게. 간접목적대명사 약형 1인칭 단수 형태(→ p. 80).
debba ~해야만 한다(*inf.* dovere → p. 236).
passa (시간이) 지나가다(*inf.* passare → p. 236).
la vostra accoglienza calorosa 당신들의 뜨거운 환대.
non dimenticherò mai (나는) 결코 잊지 않을 것이다. non ~ mai: 결코 ~이 아니다.
dimenticherò (나는) ~을/를 잊을 것이다(*inf.* dimenticare → p. 230).
la vostra gentilezza 당신들의 친절함. gentilezza: 친절, 친절함.
di niente! 천만에!
avremo l'occasione di ~ (우리는) ~할 기회를 가질 것이다.
avremo (우리는) ~을/를 가질 것이다. (*inf.* avere → p. 88).
rivederci 우리 다시 보다, 다시 만나다. rivedere+ci 의 결합 형태.
rivedere ~을/를 다시 보다, 다시 만나다. ci: 우리 서로(→ p. 102).
di nuovo 다시.

민수 : 이런! 한국으로 돌아갈 시간이네요.
롯시씨 : 네가 떠나야 한다니 섭섭하구나.
롯시 부인 : 시간이 너무 빨리 가네요.
민수 : 저를 따뜻하게 환대해 주셔서 감사드립니다.
　　　그리고 여러분의 친절함을 결코 잊지 못할 것입니다.
롯시 부인 : 아니, 천만에! 우리가 다시 만날 기회가 있겠지.
민수 : 다시 한 번 감사드립니다. 안녕히 계십시오!
롯시씨 : 잘 돌아가길 바래요!

Espressione

Vorrei ringraziarvi per la vostra accoglienza calorosa.
저를 따뜻하게 환대해 주셔서 감사드립니다.

상대방들의 환대에 정중하게 감사하는 표현이다. 서로 잘 아는 사이에 사용하는 비격식적인 표현은 'Vorrei ringraziarti per la tua accoglienza calorosa', 격식적인 표현은 'Vorrei ringraziarLa per la Sua accoglienza calorosa'이다. '진심으로' 혹은 '마음에서 우러나오는'이라는 표현을 하고자 하면 'con il cuore a manò라는 표현을 첨가하여 'Vorrei ringraziarvi **con il cuore in mano** per la vostra accoglienza calorosa'라고 하면 된다.

Non dimenticherò mai la vostra gentilezza.
당신들의 친절함을 결코 잊지 못할 것입니다.

조금 전의 표현과 마찬가지로 상대방의 친절에 대해 감사를 나타내는 표현이다. 서로 잘 아는 사이에 사용하는 비격식적 표현은 'Non dimenticherò mai la tua gentilezza', 격식적인 표현은 'Non dimenticherò mai la Sua gentilezza'이다.

Buon viaggio! 잘 돌아가길 바래요!

여행을 떠나는 사람에게 하는 인사말로 '좋은 여행 하세요'라는 의미이다.

Buon fine settimana! 주말 잘 보내세요!
Buon appetito! 맛있게 드십시오.
Buon lavoro! 수고하십시오.
Buon Natale! 메리 크리스마스.
Buona Pasqua! 즐거운 부활절 보내세요.
Buona fortuna! 행운이 있기를 빕니다.

◎ Grammatica

접속법

일반적으로 개인의 주관적인 생각 또는 불확실함 등을 표현하는 방식을 접속법이라고 하며, 문장의 종속절에 '접속법' 형태의 동사를 사용한다. 접속법 시제에는 현재, 과거, 반과거, 대과거가 있다. 다음 두 예문을 비교하면 객관적인 사실을 나타내는 '직설법'과 주관적인 생각을 나타내는 '접속법'의 차이점을 알 수 있다.

① Marco **è** italiano. 마르꼬는 이탈리아인이다. (직설법)
② **Penso che** Marco **sia** italiano. 나는 마르꼬가 이탈리아인이라고 생각한다. (접속법)

두 문장을 살펴보면, ①의 경우에 동사는 essere 동사의 '**직설법**' 현재 형태인 è를 사용했다. 즉, 이 문장의 의미는 객관적으로 '마르꼬는 이탈리아인이다'라는 의미이다. 문장 ②의 경우는 주절이 '나는 ~을/를 생각한다'라는 'Penso ~'로 문장이 시작하며, che 이하의 종속절에 **sia**라는 essere 동사의 '**접속법**' 형태를 사용했다. 왜냐하면 '마르꼬가 이탈리아인이다'라는 것은 '내 주관적인 생각'일 뿐이기 때문이다. 바로 이러한 경우처럼 말하는 사람이 자신의 '주관적'인 생각, 의심, 희망, 걱정, 심리적 상태 등을 나타낼 때 사용하는 형태가 '접속법'이다.

접속법 현재

'접속법 현재'에는 '규칙형태'와 '불규칙 형태'가 있다.
우리는 이미 격식적 명령 형태가 접속법 현재 동사 형태와 일치한다는 것을 학습했다. 접속법 '규칙 형태'는 1인칭 단수에서 3인칭 단수까지 형태가 동일하다. 그러므로 접속법 동사 1~3인칭 단수 앞에는 일반적으로 주어를 표기한다. 또한 noi에 해당하는 형태도 직설법 현재 형태와 동일하다.

접속법 현재 형태 : Essere, Avere 및 조동사

	essere	avere	dovere	potere	volere
Io	sia	abbia	debba	possa	voglia
Tu	sia	abbia	debba	possa	voglia
Lui	sia	abbia	debba	possa	voglia
Noi	siamo	abbiamo	dobbiamo	possiamo	vogliamo
Voi	siate	abbiate	dobbiate	possiate	vogliate
Loro	siano	abbiano	debbano	possano	vogliano

Spero che **stiate** ancora qualche giorno in più.
나는 당신들이 며칠 더 머물기를 희망합니다.
Non sono sicuro che lei **sia** italiana.
나는 그녀가 이탈리아인인지 확실하지 않다.
Sono molto contento che Mario **possa** andare a Roma.
나는 마리오가 로마에 갈 수 있다니 매우 기쁘다.

Cultura
피노키오

세계적으로 가장 널리 알려지고 번역된 동화는 『피노키오』이다. 『피노키오』의 원제목은 『Le avventure di Pinocchio(피노키오의 모험)』으로 Carlo Lorenzini(1826-1890)의 작품이다. 우리가 알고 있는 피노키오 작가의 이름으로 알려진 까를로 꼴로디(Carlo Collodi)는 Carlo Lorenzini의 필명으로 어머니의 고향인 뻬쉬아(Pescia)에 위치한 작은 마을의 이름이다.

친구들에 의하면 젊은 시절의 꼴로디는 짧은 다리에 배가 나왔으며 대머리였고, 이를 감추기 위해 커다란 모자를 쓰고 다녔다고 한다. 그의 취미는 술, 담배, 친구, 여자를 좋아해서 친구들은 그를 '제비족 donnaiolo'라고 불렀다고 한다.

꼴로디는 1881년 7월 7일에 어린이를 위한 정기 간행물인 〈어린이를 위한 신문 Giornale per i bambini〉에 「꼭두각시 인형의 이야기 Storia di un burattino」라는 제목으로 『피노끼오의 모험 Le avventure di Pinocchio』 제 1회를 게재한다. 중간에 출판사와의 문제로 집필을 중단했다가 수많은 어린이들과 부모들의 성원에 다시 게재하였다. 신문에 연재했던 작품을 1883년에 단행본으로 묶어 출판한 작품이 바로 『피노키오의 모험 Le avventure di Pinocchio』이다.

Vorrei fare il check-out, per favore.
보레이 파레 일 체크-아웃, 뻬르 파보레.
체크아웃하고 싶습니다.

마리아의 부모님께 작별 인사를 하고 호텔로 돌아온 민수, 공항으로 떠나기 전에 호텔에서 체크아웃을 한다.

Dialogo

Minsu : Vorrei fare il check-out, per favore.
보레이 파레 일 체크-아웃, 뻬르 파보레.

Impiegato : Preparo subito il conto. Ha usato il frigo-bar?
쁘레빠로 수비또 일 꼰또. 아 우사또 일 프리고-바르?

Minsu : Sì, ho bevuto una bottiglia di acqua naturale.
시, 오 베부또 우나 보띨리아 디 아꽈 나뚜랄레.

Impiegato : Aspetti un attimo, per favore! Faccio il conto…
아스뻬띠 운 아띠모, 뻬르 파보레! 파쵸 일 꼰또…

Minsu : Potrei pagare con la carta di credito?
뽀뜨레이 빠가레 꼰 라 까르따 디 끄레디또?

Impiegato : Certo… ecco… metta una firma qui…
체르또… 에꼬… 메따 우나 피르마 뀌…
Questa è la Sua ricevuta. Grazie e arrivederLa!
꿰스따 에 라 수아 리체부따. 그라찌에 에 아리베데를라!

Vocabolario

il check-out 체크아웃.
preparo (나는) ~을/를 준비하다(*inf.* preparare → p. 112).
il conto 계산서.
ha usato (당신은) ~을/를 사용했다. 동사 usare의 직설법 근과거 형태(→ p. 108).
il frigo-bar 냉장고 바. 룸 안의 냉장고 안에 있는 음료수나 음식을 의미한다.
ho bevuto (나는) ~을/를 마셨다. 동사 bere의 직설법 근과거 형태(→ p. 108).
una bottiglia di acqua naturale 생수 한 병.
aspetti (당신은) 기다리세요(*inf.* aspettare). 상대방에 대한 격식 명령 형태.
faccio (나는) ~을/를 한다(*inf.* fare → p. 116).
con la carta di credito 신용카드로.
faccia (당신은) ~을/를 하세요(*inf.* fare → p. 88). 상대방에 대한 격식 명령 형태.
la firma 사인, 서명.
la Sua ricevuta 당신의 영수증.
arrivederLa! 안녕히 가십시오! 또 뵙겠습니다!
  arrivedere+La의 결합 형태.
arrivedere ~을/를 다시 보다, 다시 만나다.
La 당신을. 직접목적인칭대명사 약형 3인칭 단수 형태.

민수 : 체크아웃하고 싶습니다.
남자 사무원 : 계산서를 즉시 준비하겠습니다.
　　　　　　　냉장고에서 드신 것 있으세요?
민수 : 예. 생수 한 병을 마셨습니다.
남자 사무원 : 잠시 기다리세요. 계산을 하겠습니다.
민수 : 신용카드로 지불 할 수 있지요?
남자 사무원 : 물론이죠. 여기에 서명하세요...
　　　　　　　여기 영수증이 있습니다. 감사합니다. 안녕히 가십시오!

◯• Espressione

✎ Vorrei fare il check-out, per favore. 체크아웃하고 싶습니다.

호텔에서 완전히 나올 때 사용하는 표현으로 'check out'이라는 표현은 영어를 그대로 사용한다. 호텔에서 사용하는 다양한 표현은 다음과 같다.

A: Avete una camera singola con bagno? 화장실이 달린 싱글룸 있습니까?
B: No. Abbiamo solo la camera doppia. 아니오. 단지 더블룸만 있습니다.

A: Quanto costa al giorno? 하루에 얼마입니까?
B: 100 euro. 100 유로입니다.

A: Le chiedo la sveglia domattina alle 7. 내일 아침에 모닝콜 7시에 부탁합니다.
B: Va bene. 알겠습니다.

A: È inclusa la colazione nel prezzo? 가격에 아침 식사가 포함되어 있나요?
B: Sì, certo! 예, 물론입니다.

A: Potrebbe chiamare un taxi? 택시 좀 불러주시겠어요?
B: Sì, lo chiamo subito. 예. 즉시 부르겠습니다.

A: Dov'è la sala da colazione? 아침 식사는 어디서 하죠?
B: Al secondo piano, signore. 2층에서 합니다, 선생님.

○• Grammatica

직설법 현재 형태

1) preparare(~을/를 준비하다)

(io) preparo	(noi) prepariamo
(tu) prepari	(voi) preparate
(lui/lei/Lei) prepara	(loro) preparano

Preparo un caffè. 나는 커피를 준비한다.
Maria prepara la cena. 마리아는 저녁 식사를 준비한다.

2) chiedere(~을/를 요구하다)

(io) chiedo	(noi) chiediamo
(tu) chiedi	(voi) chiedete
(lui/lei/Lei) chiede	(loro) chiedono

Chiedo scusa a tutti. 나는 모두에게 용서를 빈다.
Vi chiediamo di non perdere tempo.
우리는 당신들에게 시간을 낭비하지 말라고 요구한다.

접속법 현재 형태

1) aspettare(~을/를 기다리다)

(io) aspetti	(noi) aspettiamo
(tu) aspetti	(voi) aspettiate
(lui/lei/Lei) aspetti	(loro) aspettino

Aspetti un momento, per favore! 잠깐만 기다리세요!
Aspettiamo fuori! 밖에서 기다립시다!

2) mettere(~을/를 놓다)

(io) metta	(noi) mettiamo
(tu) metta	(voi) mettiate
(lui/lei/Lei) metta	(loro) mettano

Metta pure la penna sul tavolo! 펜을 테이블 위에 놓으세요!
Non metta quel libro sulla sedia! 그 책을 의자 위에 놓지 마세요!

Cultura

호텔 체크아웃

이탈리아 호텔에서 체크아웃을 할 경우에는 시간적인 여유를 가지고 하는 것이 좋다. 다음 날 아침 일찍 호텔을 나와야 할 경우에는 전날 저녁에 미리 프론트에 계산서를 준비해 놓으라고 말하는 것이 좋은 방법 중 하나이다. 일반적으로 체크아웃을 할 때 약간의 문제가 되는 것이 전화 요금이다. 요즘은 대부분 로밍을 해서 휴대폰을 가져가기 때문에 호텔의 전화를 사용할 일이 거의 없지만, 호텔의 전화를 이용할 경우 그 비용이 생각보다 매우 많이 나오는 경우가 대부분이기 때문이다.

I bagagli devono essere spediti direttamente a
이 바갈리 데보노 에세레 스뻬디또 디레따멘떼 아
Seoul. 짐은 곧바로 서울까지 보내주세요.
세울.

로마 공항에 도착한 민수, 공항 카운터에서 서울행 비행기에 오르기 위한 수속을 밟는다.

 Dialogo

Minsu : Buon giorno, signorina! Ecco il biglietto e il passaporto.
부온 조르노, 시뇨리나! 에꼬 일 빌리에또 에 일 빠사뽀르또.

Impiegata : Buon giorno! Ha qualche bagaglio da spedire?
부온 조르노! 아 꽐께 바갈리오 다 스뻬디레?

Minsu : Sì, ne ho due.
시, 네 오 두에.

Impiegata : Può metterli sulla bilancia?
뿌오 메떼를리 술라 빌란촤?

Minsu : Ecco fatto! I bagagli devono essere spediti direttamente a Seoul.
에꼬 파또! 이 바갈리 데보노 에세레 스뻬디또 디레따멘떼 아 세울.

Impiegata : O.K. Preferisce il posto vicino al finestrino o al corridoio?
오케이. 쁘레페리쉐 일 뽀스또 비치노 알 피네스뜨리노 오 알 꼬리도이오?

Minsu : Preferisco al finestrino.
쁘레페리스꼬 알 피네스뜨리노.

Impiegata : Ecco la Sua carta d'imbarco e il passaporto.
에꼬 라 수아 까르따 딤바르꼬 에 일 빠사뽀르또.

L'uscita è la numero 7. Buon viaggio!
루쉬따 에 라 누메로 세떼. 부온 비아죠!

● Vocabolario

qualche bagaglio 몇 개의 짐.
bagaglio 짐, 수화물.
da spedire 보낼.
ne 수량을 지시하는 대명사(→ p. 244).
metterli 그것을 놓다. mettere+li의 결합 형태.
mettere ~을/를 놓다. li: 그것을. 앞에 위치한 due bagagli를 대신하는 직접목적대명사 약형 3인칭 복수 형태(→ p. 176).
sulla bilancia 저울 위에.

Ecco fatto! 자 됐습니다. ecco: 자. 여기에 ~이 있다. fatto: 동사 fare의 과거분사 형태.
essere spediti (짐들은) 보내지다. 수동 형태.
spediti: 동사 spedire의 과거분사 형태.
vicino al finestrino 창가에.
al corridoio 복도에.
la Sua carta d'imbarco 당신의 탑승권.
d'imbarco: 탑승의.
L'uscita 출구, 게이트.

민수 : 안녕하세요, 아가씨!
      여기 제 티켓과 여권이 있습니다.
여자 사무원 : 안녕하세요! 부칠 짐 있으세요?
민수 : 예, 두 개 있습니다.
여자 사무원 : 저울 위에 올려주시겠어요?
민수 : 자, 됐습니다. 짐은 곧바로 서울까지 보내주세요.
여자 사무원 : 알겠습니다. 자리는 창가가 더 좋으세요 아니면 복도 쪽이 좋으세요?
민수 : 저는 창가를 선호합니다.
여자 사무원 : 여기 당신의 탑승권과 여권이 있습니다.
      게이트는 7번입니다. 즐거운 여행되세요!

Espressione

- Ecco il biglietto e il passaporto. 여기 티켓과 여권이 있습니다.

  'Ecco'는 '여기에~이 있다'는 의미로 단수 명사와 사용된다.
  Ecco l'autobus. 여기에 버스가 있다.

- Sì, ne ho due. 예, 두 개 있습니다.

  이 문장에서 ne는 전체 중에서 일부분을 대신하는데, 일반적으로 뒤에 uno, due, tre 등의 숫자나 molto, poco 등의 수량을 나타내는 단어가 나온다.

  A: Quanti caffè prendi al giorno? 너는 하루에 커피를 얼마나 마시니?
  B: Ne prendo tre. 세 잔 마셔.

- I bagagli devono essere spediti direttamente a Seoul.
  짐은 곧바로 서울까지 보내주세요.

  이 표현은 직역하면 '짐은 서울까지 직접 운송되어져야만 합니다'라는 의미이다. 이미 학습한 'La prego di ~'의 문장을 사용해서 표현할 수 있다.

  A: Signorina, La prego di spedire i bagagli direttamente fino a Seoul.
     아가씨, 짐은 서울까지 직접 운송해 주세요.
  B: D'accordo! 알겠습니다.

◎ Grammatica

🖋 부분 대명사 Ne

부분을 나타내는 대명사인 ne는 숫자 또는 수량을 나타내는 단어와 함께 사용된다. 전부를 나타내는 tutto(-i, -a, -e)는 lo, la, li, le와 같이 사용한다.

A: Quanti amici italiani hai? 너는 이탈리아 친구 몇 명 있니?
B: **Ne** ho **due**. 두 명 있어.

A: Signora, vuole del pane? 부인, 빵 드릴까요?
B: Sì, **ne** vorrei **un** chilo. 예, 1킬로 주세요.

A: Conosci quei ragazzi? 너는 저 소년들을 아니?
B: No, non **ne** conosco **nessuno**. 아니, 나는 그들을 아무도 몰라.

A: Conosci quei ragazzi? 너는 저 소년들을 아니?
B: Sì, **li** conosco **tutti**. 응, 그들을 모두 알아.

A: Conosci quelle ragazze? 너는 저 소녀들을 아니?
B: Sì, **le** conosco **tutte**. 응, 그들을 모두 알아.

* 직접목적대명사가 조동사와 같이 사용되는 경우, 직접목적대명사의 위치는 조동사 앞 또는 본동사 뒤에 올 수 있다. 본동사 뒤에 오는 경우는 동사원형의 끝모음을 제거하고 직접목적대명사를 위치시킨다.

A: **Mi** puoi accompagnare alla stazione? 나를 역에 데려다 줄 수 있니?
　= Puoi accompagnar**mi** alla stazione?
B: Certo! Ti accompagno fra 20 minuti. 물론이지. 20분 후에 데려다 줄께.

A: Mario, vuoi comprare quel libro? 너는 저 책을 사고 싶니?
B: Sì, **lo** voglio comprare. 응, 나는 그것을 사고 싶어.
　= Sì, Voglio comprar**lo**.

A: Signorina, vuole comprare quella penna? 아가씨, 당신은 저 펜을 사고 싶으세요?
B: Sì, **la** voglio comprare. 예, 나는 그것을 사고 싶어요.
　= Sì, Voglio comprar**la**.

Cultura

기념품

이탈리아는 각 관광지마다 특색 있는 기념품이 마련되어 있다. 물론 어느 곳에 가도 동일한 기념품이 있는 경우도 있지만 그 지역의 특징을 나타내는 기념품이 많다. 여행을 하다보면 가방이 가벼워지기보다 무거워 지는 경우가 많은데 작고 귀여운 기념품을 구입하면 관리하는 것도 쉽고 무거운 가방 때문에 고생도 덜 할 것이다.

Arrivederci a Seoul! 서울에서 다시 만나자!
아리베데르치 아 세울!

로마 공항에 도착한 민수, 마리아와 아쉬운 작별 인사를 한다.

🎧 Dialogo

Minsu : Fra mezz'ora parte il mio volo.
프라 멧조라 빠르떼 일 미오 볼로.
Maria : È meglio entrare adesso.
에 멜리오 엔뜨라레 아뎃소.
Minsu : Maria, non so come posso ringraziarti.
마리아, 논 소 꼬메 뽓소 링그라찌아르띠.
Maria : No, Figurati! Siamo amici!
노, 피구라띠! 시아모 아미치!
Minsu : Vorrei rivederti in Corea al più presto.
보레이 리베데르띠 인 꼬레아 알 쀼 쁘레스또.
Maria : Penso di andare a Seoul per le prossime vacanze estive.
뻰소 디 안다레 아 세울 뻬르 레 쁘로시메 바깐제 에스띠베.
Minsu : Va bene! Ti aspetto... Arrivederci a Seoul!
바 베네! 띠 아스뻬또... 아리베데르치 아 세울!
  (Si scambiano due baci: 두 사람은 볼 키스를 나눈다.)
Maria : Allora, ci sentiamo e arrivederci!
알로라, 치 센띠아모 에 아리베데르치!

 Vocabolario

parte (비행기가) 떠난다, 출발한다(*inf.* **partire** → p. 248).
è meglio~ ~하는 것이 더 낫다.
so (나는) ~을/를 알다(*inf.* **sapere** → p. 144).
ringraziarti 네게 고마워하다. ringraziare+ti의 결합 형태. ringraziare: 고마워하다. ti: 너를. 직접목적대명사 약형 2인칭 단수 형태(→ p. 154).
rivederti 너를 다시 보다, 너를 다시 만나다. rivedere+ti의 결합 형태. rivedere: ~을/를 다시 보다, 다시 만나다. ti: 너를. 직접목적대명사 약형 2인칭 단수 형태(→ p. 154).
al più presto 가능한 한 빨리.
penso di ~ (나는) ~할 생각이다. penso: (나는) ~을/를 생각하다(*inf.* **pensare** → p. 248).
per le prossime vacanze estive 다음 여름 방학 때.
ti 너를. 직접목적대명사 약형 2인칭 단수 형태(→ p. 154).
aspetto (나는) ~을/를 기다린다(*inf.* **aspettare** → p. 248).
si scambiano~ 서로 ~을/를 교환하다(*inf.* **scambiarsi** → p. 102).
due baci 볼 키스.
ci sentiamo 서로 연락하자. ci: 상호재귀대명사.
sentiamo (우리는) ~을/를 듣다(*inf.* **sentire** → p. 248).

민수 : 30분 후에 비행기가 출발해.
마리아 : 이젠 들어가는 게 좋겠다.
민수 : 마리아, 어떻게 네게 고맙다고 해야 할지 모르겠다.
마리아 : 아냐, 천만에! 우린 친구잖아!
민수 : 가능한 한 빨리 너를 한국에서 다시 만나고 싶어.
마리아 : 다음 여름휴가 때 서울에 갈 생각이야.
민수 : 좋아! 기다릴게… 서울에서 다시 만나자!
　　　(두 사람은 볼 키스를 나눈다)
마리아 : 자, 서로 연락하자! 잘 가!

Espressione

▸ È meglio entrare adesso. 이젠 들어가는 게 좋겠다.

'È meglio+동사원형'의 형태로 '~하는 것이 더 좋겠다'라는 의미를 나타낸다.

È meglio tornare a casa. 집에 돌아가는 것이 더 좋겠다.
È meglio fare una cosa alla volta. 한 번에 한 가지씩 하는 것이 더 좋다.

▸ Vorrei rivederti in Corea al più presto. 가능한 한 빨리 너를 한국에서 다시 만나고 싶어.

상기한 표현의 격식적인 형태는 직접목적대명사 약형 ti 대신에 La를 사용한다. al più presto 뒤에 possibile를 사용하기도 한다.

▸ Arrivederci! 또 만나자!(잘 가!)

서로 잘 아는 사이에 헤어질 때 하는 표현이다. 격식적인 표현은 "ArrivederLa!"이다. 오랫동안 혹은 영원히 헤어질 경우에는 'Addio!'를 사용한다.
구체적으로 다시 만나는 날을 명시할 경우에는 뒤에 첨부한다.

ArrivederLa a lunedì! 월요일에 뵙겠습니다.
ArrivederLa a presto! 조만간 뵙겠습니다.
Arrivederci a domani! 내일 보자!
Arrivederci a domenica! 일요일에 보자!

○• Grammatica

✒ 직설법 현재 형태 : Aspettare, pensare, partire, sentire

1) aspettare(~을/를 기다리다)

(io) aspetto	(noi) aspettiamo
(tu) aspetti	(voi) aspettate
(lui/lei/Lei) aspetta	(loro) aspettano

Aspetto l'autobus da 10 minuti. 나는 버스를 10분 째 기다리고 있다.
Aspettano i loro genitori a casa. 그들은 집에서 부모님을 기다린다.

2) pensare(~을/를 생각하다)

(io) penso	(noi) pensiamo
(tu) pensi	(voi) pensate
(lui/lei/Lei) pensa	(loro) pensano

Pensiamo a giocare a calcio. 우리는 축구를 하려고 생각한다.
Che cosa ne pensate? 너희들은 그것에 대해 어떻게 생각하니?
Che cosa pensano i giovani di oggi? 오늘날의 젊은이들은 무엇을 생각하는가?

3) partire(출발하다)

(io) parto	(noi) partiamo
(tu) parti	(voi) partite
(lui/lei/Lei) parte	(loro) partono

Domani parto per Roma. 내일 나는 로마로 출발한다.
Oggi partiamo per l'Italia. 오늘 우리는 이탈리아로 떠난다.
L'autobus parte fra 10 minuti. 버스가 10분 후에 출발한다.

4) sentire(~을/를 느끼다, 듣다)

(io) sento	(noi) sentiamo
(tu) senti	(voi) sentite
(lui/lei/Lei) sente	(loro) sentono

Sento la nostalgia. 나는 향수를 느낀다.
Sentiamo un rumore strano. 우리는 이상한 소음을 듣는다.
Maria sente la morbidezza di una maglia. 마리아는 스웨터의 부드러움을 느낀다.

Cultura

아리베데르치 로마(Arrivederci Roma ~).

Arrivederci Roma - Renato Rascel
Garinei, Giovannini e R.Rascel

Arrivederci, Roma...
good bye... good bye...
au revoir...
Si ritrova a pranzo a
Squarciarelli
fettuccine e vino dei
Castelli come ai tempi
belli che
Pinelli immortalo'!
Arrivederci Roma...
good bye... good bye...
au revoir...
Si rivede a spasso in
carrozzella e ripensa a
quella "ciumachella"
c'hera tanto bella e
che gli ha detto
sempre "no!"

good bye... good bye...
au revoir...
Voglio ritornar a via
Margutta, voglio
rivedere la soffitta
dove m'hai tenuta
stretta stretta in
braccio a te!

Arrivederci Roma...
Non so scordarti piu'...
Porto in Inghilterra i
tuoi tramonti, porto a
Londra Trinita' dei Monti
porto nel mio cuore i
giuramenti e
gli "I love you!"
Good bye... good bye...
Arrivederci Roma!

문법 목차

가정문: p. 166
간접목적인칭대명사: p. 80
관계대명사 che: p. 134 / 관계대명사 cui, chi p. 200
관사: 부정관사 p. 56, 정관사 p. 130
명령법: 격식적 명령 p. 204, 청유형 명령 p. 140, p. 208
명사의 성수: p. 122
부정관사: p. 56 / 비교급: p. 214
상대적 최상급: p. 186 / 소유형용사: p. 66
수동태: p. 222
수형용사: p. 28, p. 46
의문형용사와 대명사: p. 148
재귀대명사: p. 102
전치사: a, per (p. 60) / 전치사 con, di (p. 74) / 전치사 da, in (p. 84)
전치사관사: p. 24 / 절대적 최상급: p. 214
접속법 현재(p. 236): amare(p. 86), andare(p. 88), credere(p. 88), dare(p. 88), dire(p. 88), fare(p. 88), sentire(p. 88), venire(p. 88)
접속법 반과거: p. 166
정관사: p. 130
제룬디오: p. 162
주격인칭대명사: p. 16
조건법 현재: potere(p. 52), volere(p. 42)
지시형용사와 지시대명사: p. 38
직설법 근과거: p. 98, p. 108
직설법 단순 미래: p. 88, p. 94, p. 230
직설법 반과거: p. 126
직설법 선립 미래: p. 226
직설법 현재: andare(p. 34, p. 218), arrivare(p. 170), avere(p. 182), bere(p. 116), capire(p. 112), collaborare(p. 230), comprare(p. 172), dare(p. 144), dire(p. 116), dovere(p. 53), essere(p. 15), fare(p. 116), mettere(p. 112), pagare(p. 144), parlare(p. 112), partire(p. 172), potere(p. 52), preferire(p. 144), prendere(p. 42), sapere(p. 144), scendere(p. 172), sentire(p. 112), stare(p. 34), valere(p. 144), vedere(p. 172), venire(p. 116), volere(p. 42), uscire(p. 116), venire(p. 116)
직접목적인칭대명사: p. 154
직접목적대명사: p. 176
품질형용사: p. 70
Ne: p. 244

🐚 오페라 '까발레리아 루스띠까나'

Cavalleria rusticana(까발레리아 루스띠까나)
LIBRETTO: Giovanni Targioni-Tozzetti(Livorno 1863 – Livorno 1934),
Guido Menasci(Livorno 1867 – Livorno 1925)
대본: 죠반니 따르지오니-또젯띠(1863 리보르노 – 1934 리보르노),
구이도 메나쉬(1867 리보르노 – 1925 리보르노)

• 줄거리
- 사랑과 질투 : 군대를 제대하고 돌아 온 뚜릿두를 사랑하는 싼뚜짜는 뚜릿두의 어머니인 루치아가 운영하는 선술집에 가서 뚜릿두가 어디에 있는지 묻는다. 루치아는 자신의 아들을 심부름 보냈다고 대답하지만, 산뚜짜는 뚜릿두가 심부름을 가지 않고 마을에 남아 있다는 말을 들었다고 전한다. 그 때 마부인 알피오가 등장하여 루치아에게 오늘 아침에 자기 집 근처에서 뚜릿두를 보았다고 알려 준다.
부활절 미사를 드리기 위해 마을 사람들은 성당으로 들어가고, 광장에는 싼뚜짜와 루치아 단 둘이만 남게 된다. 싼뚜짜는 루치아에게 뚜릿두와 알피오의 아내인 롤라와의 관계(뚜릿두와 롤라는 서로 사랑하여 결혼까지 약속했지만, 뚜릿두가 군대에 간 후 롤라가 변심하여 알피오와 결혼했다)와 이 두 사람이 다시 만나고 있다는 사실을 알려준다.
루치아가 싼뚜짜를 위로하고 성당으로 들어간 직후, 뚜릿두가 나타나 어머니를 찾는다. 싼뚜짜는 뚜릿두에게 자기를 버리지 말아달라고 울며 애원하지만, 뚜릿두는 때 마침 나타난 롤라를 쫓아간다. 잠시 후 알피오가 나타나자 복수심에 불타오른 산뚜짜는 그 두 사람의 관계를 그에게 알려 준다.
- 사랑과 결투 : 동네 사람들과 술을 마시고 있던 뚜릿두에게 알피오가 찾아온다. 뚜릿두가 알피오에게 술을 권하지만 알피오는 거절한다. 뚜릿두는 알피오의 귀를 물어서 결투를 신청한다. 뚜릿두는 알피오와 결투를 하기 전에 어머니 루치아를 포옹하며 만약 자기가 돌아오지 않으면 싼뚜짜의 어머니가 되어 달라는 부탁을 하고 결투장으로 향한다. 뭔가 이상하다는 느낌을 받은 루치아는 때 마침 소식을 듣고 달려온 싼뚜짜와 포옹한다. 얼마 후, 뚜릿두가 죽음을 당했다는 마을 사람들의 외침이 들린다.

• 오페라 '까발레리아 루스띠까나' 중에서

〈남자들의 합창〉
In mezzo al campo tra le spighe d'oro
giunge il rumor delle vostre spole,
noi stanchi riposando dal lavoro
a voi pensiam, o belle occhi-di-sole.
O belle occhi-di-sole a voi corriamo

come vola l'augello al suo richiamo.
황금색 이삭들 넘실대는 들판 한 가운데로
당신들의 배틀 소리가 들려와요.
피곤한 우리 남자들은 일하다 휴식을 취할 때
그대들을 생각한다오. 오, 태양처럼 빛나는 눈을 가진 아름다운 여인들이여.
오, 태양처럼 빛나는 눈을 가진 아름다운 여인들이여. 우리는 부르는 소리에
새가 날아가는 것처럼 당신들에게 달려간다오.

[In mezzo al campo tra le spiche d'oro giunge il rumor delle vostre spole: 황금색 이삭들 넘실대는 들판 한 가운데로 당신들의 배틀 소리가 들려온다. In mezzo al campo: 들판의 한 가운데에, in mezzo a: ~의 한 가운데. campo: 들판, 밭. tra le spiche d'oro: 황금색 이삭들 사이에. tra: ~사이에. le spiche: 이삭, 꽃 = la spiga. 복수 형태는 le spighe이다. d'oro: 금의, 금으로 된. giunge: (배틀 소리가) 도달한다. 동사 giungere(도달하다, 도착하다)의 직설법 현재 3인칭 단수 형태. il rumor delle vostre spole: 당신들의 배틀 소리. rumore: 소음, 소리. le vostre: 당신들의. 이곳에서는 spole를 수식하는 소유형용사로 사용되었다. 명사 spole가 여성 복수이므로 명사와 형용사의 성수일치에 의해 vostre가 된다. spole: 배틀.
　Noi stanchi riposando dal lavoro a voi pensiam: 피곤한 우리 남자들은 일하다 휴식을 취할 때 당신들을 생각한다. 이 문장은 'Noi stanchi pensiamo a voi, riposando dal lavoro'이다. Noi stanchi: 피곤한 우리들. 이 부분은 'noi uomini stanchi(피곤한 우리 남자들)'에서 'uomini(남자들)'가 생략된 형태. '피곤한'을 뜻하는 형용사 'stanco'는 주어가 남성 복수이므로 'stanchi'이다. 여성 복수라면 stanche이어야 한다. pensiamo a voi: (우리는) 그대들을 생각한다. pensare a: ~ 에 대해 생각하다. pensiamo: (우리는) ~을/를 생각한다. 동사 pensare(~을/를 생각하다)의 직설법 현재 2인칭 복수 형태. voi: 당신들. 주격인칭대명사 2인칭 복수 형태. riposando: 휴식을 취할 때, 휴식을 취하며. 동사 riposare의 제룬디오 현재 형태. 제룬디오 현재 형태는 동사원형의 어미에 따라 –are → –ando, –ere → –endo, –ire → –endo로 변형시켜 만든다. 제룬디오 형태는 문맥에 따라 시간, 이유, 양보, 방식 등 여러 가지 의미를 지닐 수 있다. 이 경우는 '휴식을 취할 때'라는 '시간'의 의미 또는 '휴식을 취하며'라는 '방식'의 의미로 해석하는 것이 적당하다. dal lavoro: 일로부터. lavoro: 일, 노동.
　O belle occhi-di-sole: 오, 태양처럼 빛나는 눈을 가진 아름다운 여자들이여. O: 오, 감탄사. belle: '아름다운'의 의미를 가진 형용사이나, 이곳에서는 'belle (donne): 아름다운 여인들'을 나타내는 의미로 사용되었다. 형용사를 명사로 만들 때는 일반적으로 정관사를 사용한다. 예: bella (아름다운) → La bella (미녀). La bella e la bestia: 미녀와 야수. occhi-di-sole: 태양 같은 눈(目). 이 문장은 원래 belle con gli occhi-di-sole이나, '결합'을 의미하는 전치사 'con'과 occhi 앞의 정관사 'gli'가 생략되었다고 할 수 있다.
　A voi corriamo come vola l'augello al suo richiamo: 우리는 부르는 소리에 새가 날아가는 것처럼 당신들에게 달려간다. A voi corriamo: (우리는) 당신들에게 달려간다. 이 부분은 'Corriamo a voi'가 도치된 형태이다. Correre a~: ~에게 달려가다. corriamo: (우리는) 달려

긴다. 이곳에서는 가까운 미래를 뜻하는 현재형으로도 볼 수 있기 때문에 '달려갈 것입니다' 라고도 해석할 수 있다. 동사 correre(달리다)의 직설법 현재형 1인칭 복수 형태. a voi: 당신들에게. come: ~처럼. vola: (새가) 날다. 동사 volare의 직설법 현재 3인칭 단수 형태. l'augello: 새 = l'uccello. al suo richiamo: 그의 부름에. al: a+il 전치사관사. a: ~에 의해. 전치사. 이곳에서는 '방식/수단'을 나타내는 용도로 사용되었다. il: 남성 단수 명사 또는 남성 단수 형용사 앞에 사용하는 정관사. suo: 그의. 이곳에서는 뒤에 위치한 명사 richiamo를 수식하는 소유형용사 3인칭 단수 형태. 명사 richTiamo가 남성 단수이므로 명사와 형용사의 성수일치에 의해 suo이다. richiamo: 부르는 소리. 외침.]

〈출처: 이기철 저, 오페라 카페: 까발레리아 루스띠까나, 라쉐나, 2008〉

- 오페라 '까발레리아 루스띠까나' 중에서

〈TURIDDU(뚜릿두)〉
Mamma, quel vino è generoso, e certo
oggi troppi bicchieri ne ho tracannati...
Vado fuori all'aperto.
Ma prima voglio che mi benedite
Come quel giorno che partii soldato.
E poi... mamma... sentite...
s'io... non tornassi... voi dovrete fare
da madre a Santa, ch'io le avea giurato
di condurla all'altare.

어머니, 이 포도주는 맛이 좋아요.
사실 저는 오늘 포도주를 너무 많이 마셨어요.
저는 밖에 나갈 거예요.
그런데 먼저 제가 군인으로 떠났던
그 날처럼 저를 축복해 주세요.
그리고... 어머니... 제 말씀 들어보세요...
제가... 돌아오지 않으면... 산뚯자에게 어머니가 되어주세요.
왜냐하면 저는 그녀와 결혼하기로
그녀에게 맹세했기 때문이에요.

[Mamma, quel vino è generoso, e certo oggi troppi bicchieri ne ho tracannati... 어머니, 이 포도주는 맛이 좋아요. 사실 저는 오늘 포도주를 너무 많이 마셨어요. Mamma: 엄마. madre(어머니)의 애칭이다. quel vino è generoso: 저 포도주는 도수가 높군요. quel vino: 저 포도주. quel은 뒤에 위치한 명사 vino(포도주)를 수식하는 지시형용사이다. 지시형용사 quello는 정관사의 규정을 따른다. 예: il libro → quel libro, i libri → quei libri, lo specchio → quello specchio, gli specchi → quegli specchi, la penna → quella penna, le penne → quelle penne. vino: 포도주, 예: vino rosso: 적포도주, vino bianco: 백포도주. è: ~이다. 동사 essere(~이다)의 직설법 현재 3인칭 단수 형태. generoso: (품질이 좋고) 도수가 높은, 주어인 vino가 남성 단수이므로 generoso이다. 만일에 주어가 여성 단수라면 generosa가 된다. e certo oggi troppi bicchieri ne ho tracannati: 그리고 사실 저는 오늘 포도주를 너무 많이 마셨어요. 이 문장은 'e certo oggi ne ho tracannati troppi bicchieri'가 도치된 형태이다. e: 그리고. 접속사. certo: 사실, 물론. oggi: 오늘. troppi bicchieri: 너무 많은 잔. troppi: 너무 많은. 뒤에 위치한 명사 bicchieri(잔, 컵)을 수식하는 부정형용사이다. bicchieri가 남성 복수이므로 명사와 형용사의 성수일치에 의해 troppi가 된다. 부정형용사는 정해지지 않은 양을 나타내는 형용사이다. 부정형용사에는 qualche(몇몇의), molto(많은), poco(적은) 등이 있다. ne: 앞에 위치한 troppi bicchieri를 받는 수량대명사이다. ne가 대명사로 사용될 경우는 문장의 앞 또는 뒤에 수량을 나타내는 단어(uno, due, molto, troppo, poco, nessuno 등)가 반드시 온다.

ho tracannati: 지나치게 마셨다 직설법 근과거 형태이다. '직설법 근과거' 형태는 'essere 또는 avere 동사의 직설법 현재형+과거분사' 의 형태를 지닌다. 과거분사의 형태는 규칙변화의 경우 -are → -ato, -ere → -uto, -ire → -ito로 만든다. 이 경우에는 과거분사 tracannati(원형은 tracannare 지나치게 마시다)가 목적어를 필요로 하는 타동사이므로 보조동사로 avere동사를 택한다. avere동사가 보조동사일 경우에는 과거분사의 형태는 항상 -o이다. 그러나 이 문장에서는 tracannati의 형태를 지닌다. 왜냐하면 보조동사로 avere를 사용할 경우일지라도 직설법 근과거 형태(직설법 대과거, 접속법 과거 등 나머지 복합시제도 마찬가지) 앞에 직접목적대명사 약형이 올 경우에는 직접목적대명사 약형의 성(性)과 수(數)에 따라 과거분사의 형태가 달라진다는 점이다. 이 문장의 경우는 troppi bicchieri가 남성 복수이고, 이를 수량대명사 ne로 대신하였으므로 ne ho tracannati가 된다. 만일에 여성 복수를 수량대명사 ne로 받으면 ne ho tracannate가 된다.

Vado fuori all'aperto: 저는 밖에 나갈 거예요. vado: (나는) 간다. 동사 andare(가다)의 직설법 현재 1인칭 단수 형태. fuori: 밖에. 장소를 나타내는 장소 부사. all'aperto: 열린 공간에. allo aperto의 축약 형태. allo: a+lo 전치사관사. a: ~곳으로. 전치사. 이곳에서는 '장소'를 나타내는 용도로 사용되었다. l'aperto: 열린 공간. 야외.

Ma prima voglio che mi benedite come quel giorno che partii soldato. 그런데 먼저 제가 군인으로 떠나던 그 날처럼 저를 축복해 주세요. Ma: 그런데, 그러나. 접속사. prima: 먼저, 우선. 부사. voglio che~: 나는 che 이하를 원한다. voglio: (나는) ~을/를 원한다. 조동사 volere(~을/를 원하다)의 직설법 현재 1인칭 단수 형태. che: 목적격 종속절을 이끄는 종속 접속사. 이 경우 che 이하의 문장을 "~을(를)/~라고" 등으로 해석한다. mi benedite: 당신은(어머니는) 나를 축복을 한다. mi: 저를, 나를. 직접목적인칭대명사. benedite: = benediciate. 당신은(어머니는) 축복을 한다. 동사 benedire(~을/를 축복하다)의 직설법 현재 2인칭 복수 형태. come quel giorno: 그 날처럼. come: ~처럼. quel giorno: 그 날. quel은 뒤에 위치한 남성 단수 명사 giorno(날, 일)를 수식하는 지시형용사이다. 지시형용사 quello는 정관사의 규정을 따른다. 예: il giorno → quel giorno, i giorni → quei giorni, lo spazio → quello spazio, gli spazi → quegli spazi, la penna → quella penna, le penne → quelle penne. giorno: 날(日). che partii soldato: (내가) 군인으로 떠났던. che: 앞에 위치한 quel giorno를 대신하며 문장을 연결하는 관계대명사로 목적격 역할을 한다. partii: 나는 떠났다. 동사 partire(떠나다, 출발하다)의 직설법 원과거 1인칭 단수 형태. soldato: 군인, 병사.

E poi... mamma... sentite... s'io... non tornassi... voi dovrete fare da madre a Santa, ch'io le avea giurato di condurla all'altare. 그리고... 어머니... 제 말씀 들어보세요... 제가... 돌아오지 않으면... 산타자에게 어머니가 되어주세요. 왜냐하면 저는 그녀와 결혼하기로 그녀에게 맹세했기 때문이에요. E poi... mamma... sentite...: 그리고... 어머니... 제 말씀 들어 보세요: E: 그리고. 접속사. poi: 그러고 나서, 그 다음에. 부사. mamma: 엄마, 어머니(madre)의 애칭. sentite: (당신은) ~을/를 들으세요. 동사 sentire(~을/를 듣다)의 voi(당신-이곳에서는 2인칭 단수로 사용)에 대한 명령법 형태. 현대 이탈리아어에서 voi는 '너희들, 당신들' 이라는 2인칭 복수 형태로 사용된다. s'io... non tornassi...: 제가... 돌아오지 않으면. s'io: Se io의 축약 형태. Se: 만일에 ~이라면. io: 나, 주격인칭대명사 1인칭 단수 형태. non: 아니다, 아니다. 부정(否定)

부사. tornassi: (나는) 돌아오다. 동사 tornare(돌아오다)의 접속법 반과거 1인칭 단수 형태. 'Se+접속법 반과거'는 현재 또는 미래에 있어서 '가능성 있는 가정'을 표현한다. 현재 또는 미래에 있어서 '가능성 있는 가정'을 표현하는 가정문 형태는 조건을 나타내는 조건절에는 'Se + 접속법 반과거(이 문장에서는 S'io tornassi)' 형태를, 결과를 나타내는 결과절에는 '조건법 현재(이 문장에서는 뒤에 위치한 dovrete)' 형태를 취한다. voi dovrete fare da madre a Santa: 산뚯자에게 어머니가 되어주세요. voi: 당신(이곳에서는 '어머니'), 주격인칭대명사 2인칭 단수 형태. dovrete: (당신은=어머니는) ~을/를 해야만 한다. 동사 dovere(~해야만 한다)의 조건법 현재 형태. 앞에 위치한 S'io tornassi와 더불어, 가능성 있는 가정을 표현한다. fare: ~을/를 하다. da: ~로서, 전치사. madre: 어머니. a: ~에게. 이곳에서는 '대상'을 나타내는 용도로 사용되었다. Santa: Santuzza. 이 작품의 원전 작가인 죠반니 베르가(Giovanni Verga)의 동명 소설에는 Santuzza 대신에 Santa라는 이름을 사용하였다. Santuzza는 Santa의 축소형이다. ch'io le avea giurato~: 저는 그녀에게 ~하기로 맹세했기 때문이에요. ch'io: che io의 축약 형태. che: 이곳에서는 '왜냐하면(=perché)'의 의미이다. io: 나. 주격인칭대명사 1인칭 단수 형태. le: 그녀에게, 간접목적인칭대명사 약형 3인칭 단수 형태. avea giurato~: (나는) ~하기로 맹세했다. giurare di~: ~하기로 맹세하다. 동사 giurare의 직설법 대과거 형태. avea: = avevo. 동사 avere의 직설법 반과거 1인칭 단수 형태로 보조동사로 사용되었다. giurato: 동사 giurare(맹세하다)의 과거분사 형태. '직설법 대과거 형태'는 'essere 또는 avere 동사의 직설법 반과거+과거분사'의 형태를 취한다. 이곳에서는 본동사인 giurare는 타동사로 avere 동사를 보조동사로 취한다. di condurla all'altare: 그녀와 결혼하기로. condurre una donna all'altare 결혼하다 = sposarla. 직역하면 '그녀를 제단으로 인도하다'라는 의미이다. 이탈리아에서는 결혼식을 주로 성당에서 하며, 성당 안에 있는 '제단' 앞에서 결혼 서약을 하기 때문에 '제단으로 인도한다'는 의미는 결혼식을 한다는 의미이다. condurla: condurre la의 축약 형태. condurre: ~을/를 인도하다. la: 그녀를(산뚯자를), 직접목적인칭대명사 약형 3인칭 단수 형태. 동사원형과 함께 사용될 경우에는 동사원형의 마지막 모음을 제거하고 사용한다. all'altare: allo altare의 축약 형태. allo: a+lo 전치사관사. a: ~곳으로. 전치사. 이곳에서는 '장소'를 나타내는 용도로 사용되었다. l'altare: 제단(齋壇). la altare의 축약 형태.]

〈출처: 이기철 저, 오페라 카페: 까발레리아 루스띠까나, 라쉐나, 2008〉